KAWADE
夢文庫

天皇家のふところ事情

歴史の謎を探る会［編］

河出書房新社

国民として大いに気になる！皇室の〝財布〟の中身――はじめに

人のふところ具合を探《さぐ》ろうとする行為は下世話《げせわ》である。下世話ではあるが、知りたくなるのも人情《にんじょう》というものだ。

2019年5月、今上《きんじょう》天皇が即位し、年号も「令和」に改められた。即位にさいして、さまざまな行事・儀式が執《と》り行なわれ、そのきらびやかな様子に魅了された人も多いだろう。

しかし、その費用は、どこから捻出《ねんしゅつ》されているのか。我々が納めている税金か？それとも働きに応じたお給料をもらっているのか？それならば、どんな仕事をされている？住まいは、衣装は、身づくろいは、食事はどうされているのか？もろもろの税金や保険料、年金は納めておられるのであろうか？そして、それら家計の管理は誰が行なっているのか？興味は尽きない。

高貴な世界であるからこそ、その内訳《うちわけ》を知りたい。そんな好奇心が湧《わ》いて出るのは、あるていど仕方のないことだ。本書が、その思いを満《み》たす参考になれば幸いである。

歴史の謎を探る会

天皇家のふところ事情●もくじ

序章 内廷費・宮廷費・皇族費・宮内庁費の違いは？

●天皇家にかかわる予算のすべてを知る――

一章　儀式に用いられた装束や道具の価格は？

●「令和の代替わり」費用の実際を知る――

二章 ご一家は健康保険料や税金、国民年金を払っている？

●天皇家の家計を支える内廷費の使い道——

三章 宮中晩餐会の規模は賓客によって変わる？

●ご公務やお住まいに必要な宮廷費の使い道──

四章 アルバイトや著作の印税は個人の収入になる？

●宮家のプライベートマネー皇族費の使い道──

五章 「オモテ」と「オク」の線引きはどこでされる？

●宮内庁費と宮内庁という組織を知る――

天皇家の財産と生活費の歴史

カバーイラスト●Arusyak Pivazyan/iStock
図版作成●新井トレス研究所
●アルファヴィル
協力●オフィステイクオー
●高貝誠
●大竹香織（サプリ）

序章

内廷費・宮廷費・皇族費・宮内庁費の違いは?

●天皇家にかかわる予算のすべてを知る——

毎年、どれくらいのお金が皇室に使われている？

●令和2年度の宮内庁予算は約238億円

皇族の生活といえば、きらびやかなイメージが強い。いうなれば、平安時代の『源氏物語』に登場するような貴族の生活、もしくは明治時代の「鹿鳴館《ろくめいかん》」における舞踏会といったところだろうか。

やんごとなき方々が、豪華な邸宅のなかで優雅な暮らしを送っている。そんな印象を持ちがちだが、じっさいのところはどうなのだろうか？

皇族方の生活に必要な費用のほとんどは、国のお金、つまり国民の納めた税金でまかなわれている。そして、皇室関係の事務を所管《しょかん》するのが宮内庁であり、事務のなかには経理関係も含まれている。

したがって、皇族方に支払われるお金の事務も宮内庁の仕事である。宮内庁は国の行政機関なので、予算は税金から拠出《きょしゅつ》される。その金額は令和２（２０２０）年度で２３８億２２１６万円。もちろん、宮内庁自体の運営費も含まれているので、このすべてが皇族の方々の手にわたるわけではない。

宮内庁の予算は、大きく「皇室費」と「宮内庁費」に分けられる。皇室費とは、天皇ご一家、上皇ご夫妻の生活や皇室関係施設の管理、秋篠宮《あきしののみや》家など宮家《みやけ》皇族に支払われる費用であり、予算額は115億7339万円。残りの金額が、宮内庁職員の給与や事務費などにあてられる「宮内庁費」である。

ここ数年の宮内庁予算を見てみると、平成29（2017）年度が174億3525万円、平成30（2018）年度は213億2543万円、平成31、令和元（2019）年度が240億6378万円となっていて、平成28（2016）年度以前については、ほぼ180億円から160億円前後で推移している。

つまり、平成29年度から平成30年度については約39億円の大幅増。平成30年度から平成31（令和元）年度は約27億円増で、令和2年度は約2億円の減少だ。

●238億円の気になる内訳は？

予算の内訳《うちわけ》を見てみると、宮内庁費は平成30年度114億6582万円、31（令和元）年度123億2652万円、令和2年度122億4877万円と、ほぼ横ばいとなっている。天皇家の私費である「内廷費《ないていひ》」と宮家皇族に支払われる「皇族費」は定額と定められているので、近年の予算増は「宮廷費《きゅうていひ》」の増額にある。

予算 / 年度	皇室費				宮内庁費	合計
	内廷費	皇族費	宮廷費	計		
平成18年度	324,000	273,585	6,253,988	6,851,573	10,661,556	17,513,129
平成19年度	324,000	276,635	6,223,637	6,824,272	10,942,029	17,766,301
平成20年度	324,000	279,838	6,170,249	6,774,087	11,064,578	17,838,665
平成21年度	324,000	280,905	6,099,597	6,704,502	10,980,430	17,684,932
平成22年度	324,000	283,396	5,867,677	6,475,073	10,724,127	17,199,200
平成23年度	324,000	288,225	5,683,784	6,296,009	10,785,566	17,081,575
平成24年度	324,000	291,275	5,579,959	6,195,234	10,543,444	16,738,678
平成25年度	324,000	260,775	5,492,841	6,077,616	10,263,463	16,341,079
平成26年度	324,000	262,809	5,563,037	6,149,846	10,689,971	16,839,817
平成27年度	324,000	229,970	5,562,939	6,116,909	10,827,715	16,944,624
平成28年度	324,000	229,970	5,545,584	6,099,554	10,939,792	17,039,346
平成29年度	324,000	214,720	5,678,917	6,217,637	11,217,611	17,435,248
平成30年度	324,000	364,170	9,171,445	9,859,615	11,465,818	21,325,433
平成31年度	324,000	264,232	11,149,027	11,737,259	12,326,522	24,063,781

＊宮内庁ホームページより

宮内庁関係予算の推移(平成5年度〜平成31年度)

(当初予算額 単位:千円)

予算 / 年度	皇室費				宮内庁費	合計
	内廷費	皇族費	宮廷費	計		
平成5年度	290,000	296,745	4,216,582	4,803,327	10,509,579	15,312,906
平成6年度	290,000	296,745	4,698,539	5,285,284	11,116,351	16,401,635
平成7年度	290,000	299,455	5,240,664	5,830,119	11,096,450	16,926,569
平成8年度	324,000	306,525	5,750,518	6,381,043	11,197,885	17,578,928
平成9年度	324,000	306,525	6,094,610	6,725,135	11,639,803	18,364,938
平成10年度	324,000	306,525	6,062,908	6,693,433	11,701,355	18,394,788
平成11年度	324,000	306,525	6,289,640	6,920,165	11,967,975	18,888,140
平成12年度	324,000	306,525	6,424,750	7,055,275	11,891,791	18,947,066
平成13年度	324,000	307,949	6,986,511	7,618,460	11,755,008	19,373,468
平成14年度	324,000	310,795	6,378,063	7,012,858	12,106,491	19,119,349
平成15年度	324,000	297,680	6,361,933	6,983,613	11,461,292	18,444,905
平成16年度	324,000	299,815	6,303,022	6,926,837	10,832,573	17,759,410
平成17年度	324,000	269,671	6,277,830	6,871,501	10,771,309	17,642,810

宮廷費は平成22（2010）年度から50億円台をキープしていたのにたいし、30年度には91億7145万円と約35億円の大幅増。31（令和元）年度には111億4903万円と100億円を超え、令和2年度は多少減額したものの109億8007万円だ。この増額は、皇位の継承によるものにほかならない。

宮内庁の予算は、どのように決められている？

●決定の手順は、ほかの省庁と変わらない

そんな宮内庁予算の決定方法だが、宮内庁といえども国の行政機関のひとつなので、ほかの省庁と同じだ。皇室を担当しているからといって、政府が上納金として支払うわけでもなく、国会が特別なはからいをするわけでもない。

国家が1年間に使う予算の決め方をおさらいしておくと、まず内閣による予算編成の基本方針決定からスタートする。「骨太《ほねぶと》の方針」とも呼ばれる基本方針は、内閣総理大臣と内閣官房長官、経済財政政策担当大臣、財務大臣、総務大臣、経済産業大臣、日本銀行総裁に民間有識者数人を加えた10人の「経済諮問《しもん》会議」で意見が

まとめられる。

この方針にもとづき、各省庁は「これくらいは欲しい」という「概算要求《がいさん》」を財務省に提出。財務省は査定を行なって作成した「財務省原案」を内閣に提出し、閣議で決定されれば「政府原案」として国会に提出され、衆参両院の議決を経《へ》て予算は決定されるのだ。

令和2年度における宮内庁の概算要求額は215億2400万円だった。ただし、宮内庁がほかの省庁と異なるのは、要求金額が組織の運営費だけでなく、皇室費も含まれることにある。自分たちの使う金額だけでなく、皇室にかんする支出も要求しなければならない、というわけだ。

概算要求額のうち、皇室費は91億5900万円。総額の約43パーセントが皇室の活動や財産の維持管理にあてられることになる。この概算要求にたいして、政府案は238億2200万円とした。約23億円のアップである。

内訳を見ると、皇室費の概算要求が91億5900万円にたいして、政府案は115億7300万円。内廷費と皇族費は定額なので、宮廷費が増やされたことになる。その金額は、要求額85億6600万円にたいして109億8000万円。差額の1億1500万円は宮内庁費から削られた。

令和2年度の宮内庁関係予算の内訳

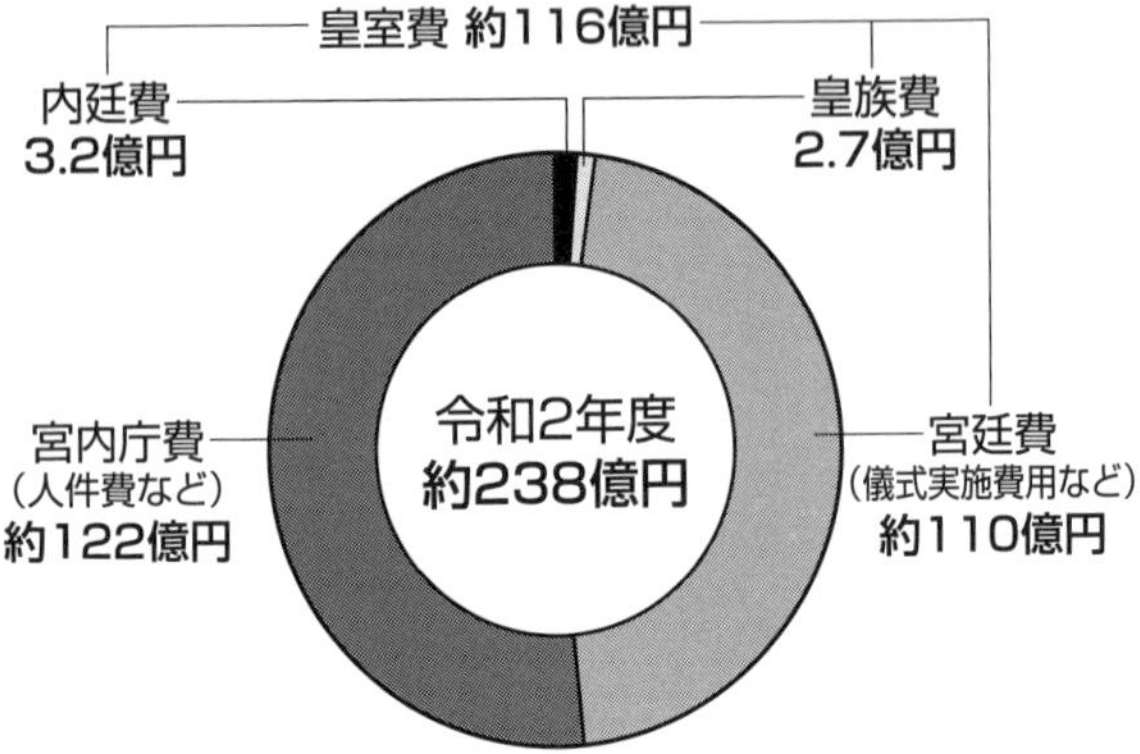

*宮内庁ホームページより作成

宮廷費の増額分は、予算の編成過程で検討することになっていた「三の丸尚《しょう》蔵館《ぞうかん》」の整備経費を概算要求の時点で計上しなかったこと、そして皇位継承にともなう関係儀式や行事などの実施費用が上乗せされたからだ。その金額は整備費用が29億3900万円、儀式実施費用が3億6400万円となっている。

以上のような手順で宮内庁の予算は決定されるのだが、皇室費という、ある種特別な予算は法律による規定が設けられている。その法律が「皇室経済法」と「皇室経済法施行法」である。

●皇室の収支は「皇室経済法」に基づく

皇室経済法には皇室用財産の贈与《ぞうよ》や譲《ゆずり》

受《うけ》にかんする規制や、内廷費、宮廷費、皇族費の内容などが定められ、第四条と六条で「内廷費と皇族費は定額で支出する」との記載がある。この金額を定めているのが、皇室経済法施行法の第七条と八条。つまり、皇室経済法にのっとった金額の詳細について明記するのが皇室経済法施行法であり、内廷費3億2400万円、皇族費3050万円としている〈両法の条文〈抜粋〉は本項の最後を参照〉。

とはいえ、昭和22(1947)年の両法施行時から、この金額がつづけられているわけではない。物価が上昇すれば当然、皇族の方々の生活費も増やす必要がある。定額の変更は「皇室経済会議」によって審議される。メンバーは衆参両院の議長と副議長、首相、財務相、宮内庁長官、会計検査院長の8人だ。

この会議は定額の増減だけでなく、皇族が独立して生計を営むことの認定や、皇籍を離れるさいに支払われる一時金の決定も審議する。この会議で決まった意見は内閣に出され、内閣は国会に提出。議決を経て決定されるしくみになっている。

【皇室経済法】(抜粋)

第四条　内廷費は、天皇並びに皇后、太皇太后、皇太后、皇太子、皇太子妃、皇太孫、皇太孫妃及び内廷にあるその他の皇族の日常の費用その他内廷諸費に充てるものとし、別に法律で定める定額を、毎年支出するものとする。

2　内廷費として支出されたものは、御手元金となるものとし、宮内庁の経理に属する公金としない。

3　皇室経済会議は、第一項の定額について、変更の必要があると認めるときは、これに関する意見を内閣に提出しなければならない。

4　前項の意見の提出があったときは、内閣は、その内容をなるべく速かに国会に報告しなければならない。

第六条　皇族費は、皇族としての品位保持の資に充てるために、年額により毎年支出するもの及び皇族が初めて独立の生計を営む際に一時金額により支出するもの並びに皇族であつた者としての品位保持の資に充てるために、皇族が皇室典範の定めるところによりその身分を離れる際に一時金額により支出するものとする。その年額又は一時金額は、別に法律で定める定額に基いて、これを算出する。

2　前項の場合において、皇族が初めて独立の生計を営むことの認定は、皇室経済会議の議を経ることを要する。

3　年額による皇族費は、左の各号並びに第四項及び第五項の規定により算出する額とし、第四条第一項に規定する皇族以外の各皇族に対し、毎年これを支出するものとする。

一　独立の生計を営む親王に対しては、定額相当額の金額とする。

二　前号の親王の妃に対しては、定額の二分の一に相当する額の金額とする。但し、その夫を失って独立の生計を営む親王妃に対しては、定額相当額の金額とする。この場合において、独立の生計を営むことの認定は、皇室経済会議の議を経ることを要する。

三　独立の生計を営む内親王に対しては、定額の二分の一に相当する額の金額とする。

四　独立の生計を営まない親王、その妃及び内親王に対しては、定額の十分の一に相当する額の金額とする。ただし、成年に達した者に対しては、定額の十分の三に相当する額の金額とする。

五　王、王妃及び女王に対しては、それぞれ前各号の親王、親王妃及び内親王に準じて算出した額の十分の七に相当する額の金額とする。

4　摂政たる皇族に対しては、その在任中は、定額の三倍に相当する額の金額とする。

5　同一人が二以上の身分を有するときは、その年額中の多額のものによる。

6　皇族が初めて独立の生計を営む際に支出する一時金額による皇族費は、独立の生計を営む皇族について算出する年額の二倍に相当する額の金額とする。

7　皇族がその身分を離れる際に支出する一時金額による皇族費は、左の各号に掲げる額を超えない範囲内において、皇室経済会議の議を経て定める金額とする。

一　皇室典範第十一条、第十二条及び第十四条の規定により皇族の身分を離れる者については、独立の生計を営む皇族について算出する年額の十倍に相当する額

二　皇室典範第十三条の規定により皇族の身分を離れる者については、第三項及び第五項の規定により算出する年額の十倍に相当する額。この場合において、成年に達した皇族は、独立の生計を営む皇族とみなす。

8　第四条第二項の規定は、皇族費として支出されたものに、これを準用

する。

9　第四条第三項及び第四項の規定は、第一項の定額に、これを準用する。

【皇室経済法施行法】（抜粋）

第七条　法第四条第一項の定額は、三億二千四百万円とする。

第八条　法第六条第一項の定額は、三千五十万円とする。

内廷費・宮廷費・皇族費・宮内庁費の違いは？

●内廷費と宮廷費は「私費」、皇族費は「公費」

宮内庁予算は大きく皇室費と宮内庁費に分けられ、皇室費は「内廷費」「宮廷費」「皇族費」に区分されるということは先に記した。

これらの違いを簡単に述べれば、内廷費は天皇家の生活費であり、宮廷費は皇室というシステムの運営や維持管理に支払われる費用、皇族費は天皇家以外の皇族に支払われる「お小《こ》づかい」といったところだろうか。

内廷費の「内廷」とは宮廷内部のことをいい、「内廷にある皇族」略して「内廷皇族」とは、天皇と上皇、皇后、皇太后《こうたいごう》、太皇太后《たいこうたいごう》、皇太子、皇太子妃とその家族や未婚の皇子女、および天皇退位特例法における上皇后を指す。現在、内廷にあるのは天皇陛下、皇后陛下、上皇陛下、上皇后陛下と愛子内親王《ないしんのう》の5人だ。

だが、「皇室典範《てんぱん》」第5条に「皇后、太皇太后、皇太后、親王、親王妃、内親王、王、王妃および女王を皇族とする」とあるため、天皇陛下と上皇陛下は内廷皇族ではなく、皇族でもない。ただし便宜上、とくに記載のない限り、本書では天皇陛下と上皇陛下も皇族・内廷皇族として進めていきたい。

内廷費は、これら内廷皇族の生活費で、何に使うかは基本的に自由だ。いうなれば〝ポケットマネー〟ということで、原則として使い道が公表されることもない。このポケットマネーを、皇室経済法や宮内庁などでは「御手元金《おてもときん》」と呼ぶ。

●使い道が公表されるお金、公表されないお金とは

宮廷費とは、皇室の公的な活動などに必要な経費、皇室用財産の管理に必要な経費、皇居などの施設の整備に必要な経費などをいい、こちらは公費のため公開されているものもある。

「皇室費」の種類

内廷費

天皇陛下及び内廷にある皇族の方々の日常の費用、その他内廷諸費にあてるもので、法律により定額が定められる。内廷費として支出されたものは「御手元金」となり、宮内庁の経理に属する公金ではない。

宮廷費

儀式、国賓・公賓等の接待、行幸啓、外国ご訪問など、皇室の公的活動等に必要な経費。また、皇室の用に供されている皇室用財産の管理に必要な経費、皇居等の施設整備などにあてられる経費。宮内庁が経理する公金である。

皇族費

皇族としての品位保持の資にあてるためのもので、各宮家の皇族の方々にたいし、年額により支出される。皇族費を算出する基礎となる定額は法律により定められ、各皇族方の御手元金となる。ほかに、初めて独立の生計を営むさいや、皇族の身分を離れるさいの「一時金」がある。

皇族費は、皇族としての品位保持にあてるためのもので、各宮家にたいして支出される。この皇族費も宮家皇族の「御手元金」であり、プライバシーにかかわることから、使い道は公表されていない。

じつは、宮内庁以外にも皇室関連の国の機関がある。「皇宮《こうぐう》警察本部」だ。皇宮警察は警察庁の附属機関なので、会計も宮内庁とは別。ただし、皇室のセキュリティ費用ととらえることはできる。

その額は、令和2年度予算で89億6218万6000円。現在の天皇陛下と上皇陛下を含む皇族は全員で18人。ひとりにつき4億9789万9222円だ。皇居や御所などの施設の警備も任務に含まれているし、皇族の方は身に危険が及ぶ可能性も否定できないので、一概《いちがい》に高いとはいえないと思うが、いかがだろうか？

平成→令和の「代替わり」のためにかかった費用は？

●前年度からまたがる費用も含めて167億円

平成30年度と31年度予算の宮廷費は、前天皇から新天皇への代替わりというビッグイベントにともなって増額となった。では、その代替わりの何に、どれくらいの額が予算計上されたのだろうか？

平成から令和への代替わりに関連した式典にかんする平成31（令和元）年度の予算は、総額で144億1800万円が計上された。これに前年度から令和2年度にまたがる費用も含めると、166億8000万円となる。

ただし、このすべてを宮内庁の予算からまかなうのではなく、内閣府や警察庁、外務省、防衛省も、それぞれの担当に応じた額を負担している。

各府省庁の内訳を見てみると、内閣府の担当は代替わりにかんする儀式の中心である「即位礼正殿《そくいれいせいでん》の儀」、新天皇陛下と皇后陛下のおふたりがオープンカーに乗ってパレードをする「祝賀御列《おんれつ》の儀」、各国の王族や元首を招いて開かれる「饗宴《きょうえん》の儀」、安倍晋三首相夫妻が主催する晩餐会《ばんさんかい》などだ。

即位礼正殿の儀にあてられた予算は17億6700万円。その中身は、新天皇陛下と皇后陛下、参列する皇族方の衣装代や「高御座《たかみくら》」という台座など、儀式に用いられる道具類の費用など。さらには、列席者が儀式の様子を見やすいようにする大型モニターや通信に用いるWi-Fi整備の費用、会場の敷設《ふせつ》や高御座などの運搬費も含まれている。

祝賀御列の儀に計上された予算は1億2800万円。警備は警察庁の担当なので、費用のほとんどは両陛下が乗られるオープンカー代だ。祝宴の宮中饗宴の儀には4億6600万円、首相主催の晩餐会には1億7200万円。

宮内庁の内訳を見ると、天皇陛下が即位後に初めて行なう「新嘗祭《にいなめさい》」である「大《だい》嘗祭《じょうさい》」などの関連行事の予算で27億1900万円。大嘗祭の宴にあたる「大饗《だいきょう》の儀」は2億5800万円となった。

そのほか、関連儀式の挙行《きょこう》に関連する費用が7000万円、即位の礼と大嘗祭の日取りを皇居の宮中三殿に報告する「期日奉告《ほうこく》の儀」や、神武《じんむ》天皇陵《りょう》と前4代の御《ご》陵《りょう》に参拝する「親謁《しんえつ》の儀」などに使われる費用が10億6500万円。ここまでが皇室費である。その一連の儀式に付随《ふずい》する宮内庁職員らの旅費などは宮内庁費となり、計上された額は7100万円だ。

●外務省の予算がもっとも高額になった理由とは

その他の省庁が計上した額は、警察庁が38億1900万円。もちろん警備にかんする経費であるが、前回と異なり、今回は装備品などの機材調達費や整備費は含まれていない。

外務省は50億8000万円ともっとも高額になっている。内訳は海外からの賓《ひん》客《きゃく》の滞在費に17億7000万円、到着・出発時の空港受け入れ費などや滞在支援関係費が20億6200万円、受け入れ事務体制関係費に3億7400万円、報道・広報関係に8億7500万円。そして防衛省が不測事態の対処や儀仗《ぎじょう》などの実施名目で2億8700万円を計上している。

今回、これらの予算で物議《ぶつぎ》をかもしたのが大嘗祭にかんする費用だ。大嘗宮《だいじょうきゅう》は、

皇位継承式典関係(一般関係)予算額(案)

〔単位:千円〕

事項	皇位継承式典関係予算額(案)			
	平成30年度当初予算額	平成30年度第2次補正予算額(案)	平成31年度予算額(案)	合計
内閣府	936	14	2,656	3,607
即位礼正殿の儀	758	0	1,009	1,767
祝賀御列の儀	0.5	14	113	128
饗宴の儀	178	0	289	466
内閣総理大臣夫妻主催晩餐会	0	0	172	172
その他	0	0	1,073	1,703
宮内庁	716	0	2,576	3,292
皇室費(大嘗祭等)	708	0	2,513	3,221
宮内庁費(皇室活動随伴等旅費等)	8	0	63	71
警察庁	0	0	3,819	3,819
警備実施関係経費	0	0	3,819	3,819
装備・通信資機材等整備関係経費	0	0	0	0
外務省(外国賓客滞在等関係経費)	0	0	5,080	5,080
防衛省(不測事態対処、儀じょう等実施等経費)	0	0	287	287
合計	1,653	14	14,418	16,085

※皇室費の大嘗祭経費については、5億6300万円程度の後年度負担を想定
(大嘗宮撤去後の原状復帰費用)

※四捨五入の関係上、合計等が一致しない場合がある

※内閣府の平成30年度当初予算額については、平成30年度皇室費計上額を記載

＊宮内庁ホームページより

一度設営したらずっとそこにある建物ではなく、大嘗祭が終わったあとの令和元年11月21日から12月8日までの18日間、一般に公開されたのちに取り壊された。

そんな大嘗祭の費用は、宮廷費でまかなわれる。ところが、これに異《い》を唱えられたのが、新天皇陛下の弟であり、皇位継承1位である秋篠宮皇嗣《こうし》殿下だ。

殿下は、皇嗣となられる半年前の平成30(2018)年11月30日、53歳の誕生日を迎えるにあたっての記者会見で「代替わりにともなう大嘗祭の費用は、宮廷費ではなく内廷費でまかなうべき」と発言されたのである。

大嘗祭は宗教色の強い行事のため、「国事行為」ではなく「皇室行事」とされている。その費用を公費である宮廷費でまかなうのは、日本国憲法の定める「政教分離の原則」に反するのではないか、と疑義《ぎぎ》を呈《てい》されたのだ。

皇嗣殿下は宮内庁長官にも意見を述べ、大嘗宮を新設せずに宮中の「神嘉殿《しんかでん》」という既存《きそん》の建物を使用し、費用を抑えるという具体的な提案もされたという。

だが「聞く耳を持たなかった。非常に残念なことだった」と語られたように、宮内庁は「前回の代替わりのときに議論を尽くした」などの理由により、この案を本格的に検討することはなかったという。

一章

儀式に用いられた装束や道具の価格は？

●「令和の代替わり」費用の実際を知る――

皇位継承を国の内外に示した「即位の礼」

●厳かな儀式はどのように挙行された?

皇室最高の儀礼とされるのが「即位の礼」で、もちろん一代につき1回しか行なわれない。この皇位継承にともなう一連の儀式は「大礼《たいれい》」とも呼ばれ、「即位礼正殿《そくいれいせいでん》の儀」をハイライトとし、「大嘗祭《だいじょうさい》」によってクライマックスを迎える。

きらびやかで厳《おごそ》かな諸儀式は、まさに王朝の一大絵巻。ここでは令和の世で斎行《さいこう》された主要な儀式の流れを、その内容とともに紹介していきたい。

平成の世まで即位の礼の主だった儀式は、新天皇が即位した年の翌年以降に行なわれてきた。それは先の天皇の崩御《ほうぎょ》にともない、1年間の服喪《ふくも》(天皇の場合は諒闇《りょうあん》)期間を終えてから儀式の準備に入るためだ。

しかし、令和の時代における代替わりは生前退位によるものなので、即位された年に儀式が営《いとな》まれることになった。

令和元年5月1日、皇太子徳仁《なるひと》親王が天皇の位を受け継ぎ、同年10月22日、即位を国内外に宣明《せんめい》する「即位礼正殿の儀」が皇居にて執《と》り行なわれた。これは国事行為として行なわれる「即位の礼」の中心となる儀式で、令和元年に限り、同日が祝日となったのは記憶に新しい。

この正殿の儀に先だって行なわれたのが「即位礼当日賢所大前の儀《かしこどころおおまえのぎ》」。天皇陛下みずからが宮中三殿のひとつ「賢所」に赴《おもむ》き、宮殿に祀《まつ》られている天照大神《あまてらすおおみかみ》に即位礼を行なうことを伝える儀式だ。

午前9時、新天皇は神事のさいに身に着けられる「帛御袍《はくのごほう》」の姿で回廊《かいろう》に姿を見せる。皇位の証しである宝剣《ほうけん》と勾玉《まがたま》を持つ侍従《じじゅう》をしたがえた新天皇は、賢所の内陣《ないじん》に入ると「御告文《おつげぶみ》」を奏して即位を奉告《ほうこく》。その後、新皇后も伝統的な装束《しょうぞく》「五衣《いつつぎぬ》」「唐衣《からぎぬ》」「裳《も》」の姿で賢所に拝礼された。

これにつづき、午後からは即位礼正殿の儀が皇居正殿の「松の間」にて行なわれた。皇居には191の国や地域、国際機関の代表者約2000人が参列。宮殿内では「威儀《いぎ》の者」と呼ばれる弓矢を携《たずさ》えた古式装束《しょうぞく》の宮内庁職員が並び、また参列者に起立・着席の合図を送る伝統楽器「鉦《しょう》」や「鼓《こ》」が回廊に配置されるなど、儀式に威厳《いげん》と彩り《いろど》が添えられた。

そして、天皇にしか着装が許されない「黄櫨染御袍《こうろぜんのごほう》」に身を包まれた新天皇は松の間の正面中央に置かれた高さ約6・5メートルの「高御座《たかみくら》」の台座に昇り、つづいて、新皇后は十二単《じゅうにひとえ》の姿で約5・7メートルの「御帳台《みちょうだい》」に立たれる。

午後1時、侍従と女官により高御座と御帳台のとばりが開けられると、初めて両陛下が参列者の前に姿を見せる。これは「宸儀初見《しんぎしょけん》」と呼ばれるお出ましの形式で、平成の即位礼では見られなかった儀式である。宸儀初見は平安時代前期に編纂《へんさん》された儀式書『貞観儀式《じょうがんぎしき》』にも記載があり、令和の式典では、より伝統に沿った方式が復活することとなった。

その後、高御座から新天皇が「おことば」を述べられたが、主な内容は「国民の幸せと世界の平和を常に願い、日本国民統合の象徴としてのつとめを果たすことを誓います」というもの。

おことばが終わると安倍晋三内閣総理大臣がお祝いの言葉である「寿詞《よごと》」を述べ、つづいて首相の発声により、参列者が万歳を三唱。これに合わせて皇居外苑の北の丸公園で陸上自衛隊が21発の礼砲を鳴り響かせた。そして、ふたたびとばりが閉じられると、両陛下は退出。儀式に要した時間は30分ほどだ。

なお、当日の天候は風雨であったが、儀式の直前になると晴れ間が広がり、突然差しこんだ日差しに外交団からはどよめきが起こったという。さらに上空では虹も出現し、「天からも即位を祝われているようだ」と話題になった。

ついで同夜午後7時半ごろからは、両陛下が即位の祝福を受けられる「饗宴《きょうえん》の儀」が開催された。こちらも国事行為のひとつとして、同月31日まで宮中の豊明殿《ほうめいでん》で4回に分けて行なわれた。

22日の出席者数は、イギリスのチャールズ皇太子をはじめ海外の賓客《ひんきゃく》約400人。燕尾服《えんびふく》姿の天皇陛下は最高位の「大勲位《だいくんい》菊花《きっか》章頸飾《しょうけいしょく》」を、皇后陛下は白のロングドレス姿で上皇后陛下から受け継がれたティアラを身に着け、出席者と挨拶を交《か》わされた。

提供された料理は宮中晩餐会《ばんさんかい》のようなフランス料理ではなく、「かすご鯛の姿焼き」や「カニ、キス、若鶏の三色揚げ」といった9品の日本料理。饗宴の儀は宮中晩餐会より規模が大きい祝宴のため、コンパクトに提供できる日本料理が選ばれたのだ。この饗宴の儀は午後11時半ごろ終了し、22日に予定されていたすべての儀式が終わった。

●一連の儀式の締めくくりとなる「大嘗祭」

しかし、本来なら同日に「祝賀御列《おんれつ》の儀」が行なわれるはずだったのだ。これは即位を広く国民に披露するパレードで、コースは皇居から赤坂御所までの約4・6

キロメートル。ところが、台風19号により東日本の広い地域で被害が出ていたため、11月10日に延期される。

後日行なわれた「祝賀御列の儀」の当日は澄《す》み切った秋晴れで、沿道には新天皇・皇后両陛下をひと目見ようと、およそ11万9000人もの人々が集まった。

この日のために作曲された奉祝行進曲『令和』が宮内庁楽部《がくぶ》によって演奏されるなか、両陛下は「トヨタ・センチュリー」のオープンカーに乗車。車列には秋篠《あきしのの》宮皇嗣《みやこうし》殿下、同妃殿下の車や白バイ、サイドカーなど約50台が連《つら》なり、時速約10キロメートルのスピードでコースを進んだ。

パレードは30分ほどで終了したが、その最中には、沿道の人々から祝福を受けた皇后陛下が涙を拭《ぬぐ》われるような仕草を見せられる場面もあった。

祝賀御列の儀の4日後、11月14日の夕刻から行なわれたのが、一連の儀式の締めくくりとなる「大嘗祭」だ。毎年行なわれる「新嘗祭《にいなめさい》」において、新天皇が即位後に初めて斎行するのが大嘗祭である。

一世に一度だけ挙行される重要な宮中祭祀《きゅうちゅうさいし》であり、7世紀後半の天武《てんむ》天皇の時代から行なわれていたと伝わる。即位礼正殿の儀が国内外に即位を宣明するのにたいし、天照大神をはじめとする皇祖神《こうそしん》に伝えることが目的だ。この大嘗祭の中核の儀式となるのが「大嘗宮の儀」で、皇居・東御苑に神事のための「大嘗宮《だいじょうきゅう》」が設けられての斎行となる。

この大嘗祭に先立ち、準備は数か月前から行なわれている。かつては5日間で建てられたとする大嘗宮の造営ももちろんだが、大切なのは天皇陛下が神前に供えられる穀物《こくもつ》や魚介類など「神饌《しんせん》」の用意だ。

即位礼関係儀式の主な日程

令和元年 10月22日	即位礼正殿の儀	午後1時～1時半
	饗宴の儀	午後7時20分 ～10時50分
23日	首相夫妻主催晩餐会	午後6時～9時
25日	饗宴の儀	正午～午後0時40分
29日 31日	饗宴の儀	午後3時～3時50分
11月10日	祝賀御列の儀（パレード）	午後3時～3時半
14日 15日	大嘗祭	夜～未明
令和2年 4月19日	立皇嗣の礼（延期）	

とくに「稲」が重要視され、収穫する田は「斎田《さいでん》」と呼ばれる。令和の大嘗祭では5月13日に栃木県と京都府が斎田に決定。栃木県からは「とちぎの星」、京都府からは「キヌヒカリ」が、精米180キログラム、玄米7・5キログラム分納品された。

●古式ゆかしい「斎田」の選定方法

斎田選定の方法は、亀の甲羅《こうら》を炙《あぶ》って、そのひび割れの形で占う「亀卜《きぼく》」だ。これは3000年以上前の古代中国で行なわれていたとされる占いで、日本に伝わったのは奈良時代のこと。ウミガメの甲羅を用いるものの、国際条約等で入手が困難となり、前の大嘗祭から代替品が検討されていた。

ただし、はがしてから年を経《へ》たものは問題なし、とされたことから、今回は国産のアオウミガメの甲羅が使われた。そのくわしい方法や内容について、宮内庁は詳細を明らかにしていない。

斎田が2か所選ばれるのは、大嘗宮の「悠紀殿《ゆきでん》」と「主基殿《すきでん》」で、同じ所作《しょさ》が二度行なわれるためだ。悠紀殿に供えるための斎田は東日本から、主基殿に供えるための斎田は西日本から選ばれるのが原則であり、東は新潟県、長野県、静岡県を含む18都道県、西は29府県となっている。稲以外の神饌は「庭積《にわづみ》の机代物《つくえしろもの》」といい、こちらは全国47都道府県の特産物が最大5品目まで宮内庁に納入される。

ただし、「お供え物」といっても無料で提供を受けるわけではなく、平成からは宮内庁が買い上げる形式をとっている。さらに、これまで大嘗祭が終わると土に埋めて自然に戻していたが、令和からは食用として福祉施設に提供するなど、再利用された。この庭積の机代物の歴史は意外に浅く、明治25（1892）年の新嘗祭が最初らしい。

当日は三権の長や都道府県知事、各界の代表などおよそ500人が列席。午後6時半ごろ、白い十二単姿の皇后陛下や皇族方が参列するなか、純白の祭服《さいふく》を身に着けられた天皇陛下が斎場の「悠紀殿」に入る。そこで神前に新米やアワ、酒などを供えられ、五穀豊穣《ごこくほうじょう》や国家《こっか》安寧《あんねい》を祈念する。

大嘗宮の儀は、古来変わらぬ所作で執り行なわれるとされるが、ほとんどは非公開。電灯は使われず、かがり火と灯籠《とうろう》が用いられ、その薄明かりのなかに浮かぶ大嘗宮の姿は、ひじょうに幻想的だ。

翌日未明、もうひとつの斎場「主基殿」で同じ儀式が行なわれて儀式は終了。この大嘗祭によって、皇位継承にまつわる諸儀式はフィナーレを迎えたのである。

儀式に用いられた装束や道具の価格は？

●新天皇・皇后両陛下は何をお召しになっていた？

平安時代の王朝絵巻をほうふつとさせる「即位礼正殿の儀」。参列した外国の要人は、さぞや度肝《どぎも》を抜かれたことであろう。

なんといっても目を引いたのは、天皇・皇后両陛下が着用されていた衣装だ。天皇陛下は公家の正装である「束帯《そくたい》」に身を包み、衣装の「赤茶色がかった黄色」、もしくは「黄色がかった赤茶色」は、櫨《はぜ》と蘇芳《すおう》という染料《せんりょう》により染め上げられた「黄櫨染《こうろぜん》」。これは平安時代からの伝統の装束であり、すべて正絹で仕立てられ、桐、竹、鳳凰《ほうおう》、麒麟《きりん》の文様《もんよう》がある。

ただし、即位礼に「黄櫨染御袍」が用いられるようになったのは明治天皇のときから。江戸時代末期に即位した孝明《こうめい》天皇までは中国の皇帝が着るような「袞冕十二章《こんべんじゅうにしょう》」で臨んだという。ちなみに、よく公家や神官の衣装を「衣冠《いかん》束帯」というが、衣冠は束帯の着用を簡略化したものであり、平安時代の公家の勤務服である。

天皇陛下の装束にかんする費用は公表されていないが、京都の伝統装束店でかかる費用を参考にすると、束帯一式で250万円程度。飾り太刀《たち》が550万円、帯《たい》剣《けん》するさいの平緒《ひらお》が800万円となっており、合計で1600万円を超える程度だろう。

いっぽうの皇后陛下は「おすべらかし」という前髪を左右にふくらませた髪形で、頭に平額《ひらびたい》、釵子《さいし》、櫛《くし》を着け、身にまとっているのは、こちらも平安時代からの伝統衣装である「十二単」。全体の構成は、「唐衣《からぎぬ》」「表着《うはぎ》」「打衣《うちぎぬ》」「五衣」「単衣《ひとえ》」「長袴《ながばかま》」「裳《も》」からなり、重さは約16キロ。髪を整えるのには3人がかりで1時間、着るのには2時間を要するといわれる。

この大がかりな衣装の価格も未公表だ

即位礼正殿の儀でおことばを述べられる天皇陛下（写真：AFP=時事）

が、十二単だけで1300万円とされ、手に持つ檜扇《ひおうぎ》は手描きでも16万円ほど、頭に着ける平額・釵子は9万円くらいだといわれる。参加する皇族の方々も束帯や十二単を身に着けられ、宮内庁職員らも装束姿で出席するのをテレビで見た方は多いだろう。

これらの衣装は、もちろん新調だ。なぜなら、汚れや傷《いた》みが生じても、洗濯をすることができないから。生地が気軽に洗える素材ではないことに加え、一般の着物などとくらべて大きいため、洗濯をするにはほどいて分解し、洗濯したあとは、また縫《ぬ》い合わせなくてはならない。それなら、新調したほうが手間も費用もかからないというわけだ。

●女性皇族が身に着けられるティアラの値段は？

即位礼正殿の儀のあとは「饗宴の儀」。衣装は古典的な和装から洋装に替わる。当初は午後3時30分から「祝賀御列の儀」が行なわれる予定だったので、着替える時間はわずか2時間。このあいだに皇后陛下は装束を脱ぎ、化粧を落としてからシャンプーをしてメイクを一新し、ドレスに着替えるという作業を行なわなければならなかった。

饗宴の儀のスタートは午後7時30分ごろ。皇后陛下は、女性皇族の最上級の正装である純白の「ローブ・デコルテ」を身に着けられ、ほかの女性皇族も同様の衣装である。このとき、頭に着けるのが「ティアラ」。このティアラこそ、女性皇族における権威の象徴でもある。

そもそも女性皇族がティアラを着けるようになったのは、明治時代にヨーロッパ諸国との外交関係を深めたかった伊藤博文の発案で、約130年も前からつづいている。最初につくられたときの値段は数万円。当時の国家公務員の初任給が50円なので、かなり高価だったことがわかる。

皇后陛下が着けるティアラは、明治20（1887）年につくられた第一ティアラと大正6（1917）年につくられた第二ティアラが代々受け継がれており、天皇の由緒物《ゆいしょぶつ》として宮内庁が管理している。したがって、皇后陛下の私有物ではない。内親王《ないしんのう》や女王のティアラは成人のタイミングで新調され、秋篠宮家眞子《まこ》内親王のものは2856万円、佳子《かこ》内親王のものは2793万円、高円宮《たかまどのみや》家典子《のりこ》女王（千家典子さん）は1522万5000円、高円宮家の3女、絢子《あやこ》女王（守谷絢子さん）は1485万7500円。しかし、これらのティアラも宮内庁が管理しているので、結婚して皇籍を離れると、自分のものではなくなってしまうのだ。

即位の礼の儀式で、実質的なフィナーレとなるのが大嘗祭。中核の儀式となるのが「大嘗宮の儀」である。主会場の「大嘗宮」は「悠紀殿」「主基殿」「廻立殿《かいりゅうでん》」など大小約40棟の建屋《たてや》から構成され、総延床面積約２６００平方メートル。撤去費を含めた設営費には19億７００万円の予算が計上された。これにたいし、清水建設が９億５７００万円で落札。総額は平成の約14億円を下回る結果となる。

大嘗宮のほかにも、皇祖神に供える各都道府県の特産品「庭積の机代物」は、先にも述べたとおり、奉献《ほうけん》されるのではなく宮内庁が買い上げることになっており、その他さまざまな道具にも費用はかかっている。細かい明細は公表されていないが、やはりお金はかかってしまうのだ。

「立皇嗣の礼」に計上された予算は？

●「立太子の礼」の代わりとして行なわれる儀式

今上《きんじょう》天皇には男のお子さまがいない。令和2年の時点で還暦になられているので、今後も男子の誕生は難しいだろう。ここで問題になるのが、次の天皇をどうするか、ということだった。

皇室典範《てんぱん》によると、第1条に「皇位は、皇統に属する男系の男子が、これを継承する」とある。したがって、愛子内親王が即位することはできないし、内親王の産んだ孫が皇位を継ぐこともできない。また9条には「天皇及び皇族は、養子をすることができない」と定められているので、男子の外孫を養子として迎え入れることもできない。

上皇陛下のお子さまは、現在の天皇陛下と文仁皇嗣《こうし》殿下、黒田清子《さやこ》さん（清子内親王）の3人。そして、上皇陛下が古希《こき》の年齢を過ぎたころから、皇位継承の問題がクローズアップされる。当時、皇太子（現：天皇陛下）は44歳で文仁親王（現：皇嗣殿下）は39歳。おふたりにまだ男子はなく、皇太子の次に文仁親王が皇位を継いだとしても、そのあとがつづかないからだ。

平成16（2004）年、小泉純一郎首相は私的諮問《しもん》機関「皇室典範に関する有識者会議」を設置。皇室典範を改正して女性天皇や女系天皇を認め、男女にかかわらず長子を優先するという内容を柱とした報告書を提出する。

これにたいし、「万世一系《ばんせいいっけい》とする皇室は男系天皇でのみ受け継がれてきた」として、保守系議員や評論家が反発。議論は紛糾《ふんきゅう》したものの、2年後、秋篠宮家に悠仁《ひさひと》親王が誕生したことにより、報告書は白紙に戻された。

令和になった現在の皇位継承順位は、1位が天皇陛下の弟である秋篠宮文仁皇嗣殿下、2位は天皇の甥《おい》にあたる悠仁親王、3位が叔父の常陸宮正仁《ひたちのみやまさひと》親王だ。ただし、継承順位2位の悠仁親王に年下の男のいとこはいない。「やはり女性・女系を認めるべきだ」との声や、「皇籍を離れた旧宮家《みやけ》を復活させればいい」という意見も取りざたされるが、問題解決への道のりは遠い。

そんな多くの問題を抱えながら、皇嗣となった秋篠宮文仁親王。親子関係でないのは、第116代桃園《ももぞの》天皇から117代後桜町《ごさくらまち》天皇への兄妹間継承以来、258年ぶり、兄弟間では第111代後西《ごさい》天皇と112代霊元《れいげん》天皇以来、357年ぶりだ。ちなみに、109代明正《めいしょう》天皇は女帝で108代後水尾《ごみずのお》天皇の第2皇女、110代後光明《ごこうみょう》天皇は第4皇子、後西天皇と霊元天皇は、それぞれ第8皇子、第19皇子なので、この間は兄妹弟によって継承されたことになる。

それはともかく、文仁親王は天皇陛下の子どもではないので皇太子になることはできない。したがって、皇太子になったことを宣明する「立太子《りったいし》の礼」も行なうことができない。その代わりに実施されるのが「立皇嗣《りっこうし》の礼」だ。

●予算は「平成の立太子の礼」の半分以下

令和2年1月、宮内庁は代替わりにともなう儀式などの細部を詰める「大礼委員会」の第9回会合を開催し、立皇嗣の礼の関連行事の日程を決定した。

それによると、4月15日に天皇陛下が伊勢神宮などへ使いを派遣する「勅使発遣《ちょくしはっけん》の儀」でスタート。19日には中心儀式である「立皇嗣宣明の儀」が、皇居・宮殿「松の間」で執行される。ここで天皇陛下は文仁親王が皇嗣であることを宣言し、皇嗣殿下は決意を表明される。立法・行政・司法の三権の関係者や外国の駐日大使ら約350人が招待されるなか、総理が祝辞にあたる「寿詞《よごと》」を述べる。

同じ日には天皇陛下が皇室の守り刀を授《さず》ける「壺切御剣親授《つぼきりのぎょけんしんじゅ》」や「宮中三殿」に拝礼する儀式、天皇・皇后両陛下に拝謁して感謝と決意を奏上する「朝見《ちょうけん》の儀」が行なわれ、21日は、内外の代表とともに皇嗣になられたことを祝う「宮中饗宴の儀」が開かれ、23日に伊勢神宮、27日に神武《じんむ》天皇陵、5月8日に昭和天皇陵を参拝し、一連の儀式を終えるというスケジュールだった。

しかし、新型コロナウイルス拡大の影響により、立皇嗣の礼は延期となった。2020年5月現在、開催日は未定だ。

立皇嗣の礼のうち、立皇嗣宣明の儀と朝見の儀、宮中饗宴の儀は国事行為とされ、費用は公費である宮廷費があてられる。計上された予算は4000万円だ。今上天皇が立太子の礼を行なったときの費用は9400万円なので、半分以下の金額となっている。

減額の理由は皇族の負担軽減と儀式の簡素化にあり、とくに多くの費用が見こまれる宮中饗宴の儀は、回数を減らして立食形式に変更。平成の立太子の礼では、2日をかけて着席で3回、招待客も約1070人だったが、立皇嗣の礼では1日2回で招待客も730人前後を予定していたという。

この簡素化は、「皇太子ではないから」という立場的な理由ではなく、皇嗣殿下ご本人のご意向によるものだと宮内庁は説明する。大嘗祭の費用にも疑義《ぎぎ》を呈《てい》された皇嗣殿下。皇室のあり方に一石を投じた意見として注目された。

天皇家の結婚にかかる費用はどこから出る？

●費用の総額は公表されていないが…

もっとも近くに結婚した天皇家（内廷皇族）の方といえば、紀宮《のりのみや》こと清子《さやこ》内親王、現在の黒田清子さんだ。清子内親王は、いわずと知れた上皇陛下の長女。今上天皇の妹にあたる。

平成17（2005）年11月15日、清子さんの結婚式は帝国ホテルで行なわれた。挙式は天照大神を祀った式場を設け、斎主《さいしゅ》は伊勢神宮の北白川道久《きたしらかわみちひさ》大宮司が務めた。このとき、一般人であれば新郎側の親族が上席となるが、天皇と皇族の身分を配慮し、左右が逆になったとの逸話《いつわ》が残る。

披露宴は、同ホテルの「孔雀《くじゃく》の間」で開かれ、招待客は約120人。乾杯のシャンパンは「ドン・ペリニヨン」で、羊肉をメインディッシュとした4皿のコース料理がふるまわれたという。

この結婚式の費用は内廷費があてられたので、宮内庁は内訳を公表していない。ただ、一般人が帝国ホテルで100人レベルの結婚式を挙げようとすれば600万円近い見積もりとなり、けっこうなお値段ではある。

これを内廷費だけでなく、新郎である黒田さん側も負担したという。黒田さんの職業は東京都の職員だ。折半《せっぱん》だったのであれば、費用の捻出に苦労されたかもしれない。

●女性は「私費」、男性は「公費」になるわけ

ここで気になるのは、内廷費が使われていることから、結婚が私的行為と見なされているという点だ。

だが、これが男子となれば事情は異なる。平成に入って間もないころ、文仁親王と川嶋紀子《きこ》さんの結婚の儀が行なわれている。現在の秋篠宮皇嗣妃殿下である。「まだ昭和天皇の喪《も》が明けて間がない」「皇太子である兄よりも先に結婚するのはいかがなものか」などの異論も出たが、おふたりは平成2（1990）年6月29日に儀式を挙行され、文仁親王は内廷を離れて、「秋篠宮家」の当主となった。

皇太子は平成5（1993）年1月に婚約を発表。お相手は現皇后の小和田雅子さんだ。4月には結納《ゆいのう》にあたる「納采《のうさい》の儀」が執行され、2か月後の6月9日に「結婚の儀」が宮中で執り行なわれた。

男性の内廷皇族の結婚式は「納采の儀」「結婚の儀」、新郎と新婦が夫婦として初めて天皇・皇后両陛下に会う「朝見の儀」、披露宴にあたる「宮中饗宴の儀」など15件ほどが行なわれ、一連の儀式のうち、結婚の儀、朝見の儀、宮中饗宴の儀は国事行為として「宮廷費」があてられる。

つまり、女性の場合は私費だが、男性は公費となり、全額を国が負担するわけだ。

これには、男性の場合は将来の天皇になる可能性があるため、と考えられる。

今上天皇の国事行為たる結婚の儀式に計上された予算は2億8600万円、じっさいに使われたのは3億5500万円。このうち、宮中饗宴の儀の費用は1億7000万円とされている。

ちなみに、納采の儀で新婦側に渡される品は、絹の服地5巻、清酒の1升瓶6本、日本近海で獲《と》れた大きさ50センチ以上のマダイ2尾。意外と質素ではある。

平成と令和、即位の礼にかかわる支出の違いは？

●令和は、平成よりも42億円ほど増額

昭和64（1989）年1月7日、かねてより療養中だった天皇が崩御《ほうぎょ》された。これにより、激動の時代だった「昭和」が幕を下ろし、「平成」がはじまる。のちに第84代内閣総理大臣となる、当時の小渕恵三官房長官が額に入った色紙を掲《かか》げ、元号を発表した記者会見を覚えている人も多いだろう。

天皇は1月30日に「昭和天皇」と追号《ついごう》され、2月24日に「大喪《たいそう》の礼」が行なわれ

た。昭和天皇の崩御にともない、明仁《あきひと》皇太子は皇位を継承。服喪の明けた平成2（1990）年1月より、新憲法下において初めての「即位の礼」が執り行なわれることとなった。

平成時代の天皇陛下は、平成28（2016）年に退位のご意向を示された。これを受けて政府は有識者会議を開き、意見を取り入れて「天皇の退位等に関する皇室典範特例法」を制定。3年後に平成時代の天皇は座を退《しりぞ》いて上皇となられ、皇太子だった徳仁《なるひと》親王が即位する。

現天皇の即位の礼は、平成時代のものを踏襲《とうしゅう》しているので、儀式の内容自体に大きな違いはない。しかし、簡素化を目指したといわれるにもかかわらず、予算額は大きくふくらんだ。

昭和から平成への代替わりでは、一連の即位儀式にかんする支出が約123億9400万円にものぼり、高額だという批判の声も上がった。にもかかわらず、今回の予算額は平成30（2018）年度から令和2（2020）年度にまたがる費用も含めると、166億4800万円。約43億円の増額である。

内訳を見ると、もっとも重要な儀式となる「即位礼正殿の儀」は平成2（1990）年度予算が14億6900万円なのにたいし、今回は17億6700万円、祝賀パレードの「祝賀御列の儀」は８０００万円だったのが１億２８００万円、来賓を招いての祝宴である「饗宴の儀」は４億２２００万円から４億６６００万円といずれもアップ。これらは内閣府の予算であり、平成２年度は総額が33億５２００万円だったのが、今回は36億７０００万円と２億５５００万円増である。

●費用が大きくふくらんだ背景とは

大幅に増えたのは、海外からの賓客が滞在するための費用だ。これは外務省が計上したもので、平成２年度の９億８１００万円にたいし、今回は50億８０００万円と率にしてみると５１８・１パーセントという大幅増。その要因を外務省は、ホテル代の高騰《こうとう》により、滞在費などが12億１８００万円、セキュリティ対策や情報技術の変化などにともない29億７６００万円が上昇したためとしている。

そのほかの増額にかんする背景としては、物価や人件費が上昇したこと、招待国数が１６５か国から１９５か国に増えたことに加え、参列者に儀式の様子がよく見えるようにと設置された大型モニター30台の費用が１億４９００万円、Ｗｉ－Ｆｉ環境に１１００万円、デジタルサイネージなど新たなメディアによる広報の費用が１億１６００万円、ネットを通じた公式画像の提供経費に５９００万円が費やされたことだ。くわえて、祝賀御列の儀のさいに天皇・皇后両陛下が乗るセンチュリーの購入費も予算を押し上げている。

ただ、予算はいたずらに増やされただけではなく、削減されたものもある。ひとつは、平成の即位の礼では中庭に置かれた仮設ステージが、令和の即位の礼では設けられなかったこと。これにより3億3100万円が削減できたが、代わりにモニターが置かれたため、差額は1億8200万円だ。饗宴の儀や晩餐会の参列者も減らされ、両方で9900万円の節約となった。

さらに、警備を担当する警察庁の予算は53億8200万円から38億1900万円の減額となった。東京オリンピック・パラリンピックなどに向けて、すでに資材などの整備を進めていたため、新たな装備品の調達が必要なかったことが理由だ。

大嘗祭の費用は、最終的に24億4300万円となった。前回は22億5000万円なので約2億円の増加だが、予算では27億1900万円だったので、努力のあとがうかがえるし、大嘗宮の設営費を予定価格よりも大幅ダウンで落札した清水建設の功績は大きい。

高額になりすぎたともいえる外務省の予算を除けば、前回よりも4億円ほどの減額だ。ホテル代の高騰はインバウンドを目的として国が進めた観光政策にも原因があるともいえるので、どっちもどっちといったところだろう。

葬儀と陵墓造営には、どれくらいの費用がかかる？

●史上最大の規模となった昭和天皇の大喪の礼

平成25（2013）年11月、宮内庁は当時の天皇・皇后（現：上皇・上皇后）両陛下が崩御されたさいに埋葬される「陵」について、両陛下が財政上の観点などから従来のものより小規模な陵墓《りょうぼ》を望まれており、葬送の儀式も簡素化したいというお気持ちを持たれていることを発表した。両陛下が葬儀についての意思を伝えることはきわめて異例だ。

ここで疑問に思うのが、なぜ両陛下は〝終活〟ともいえる発言をされたのかということ。そして、じっさい、天皇の葬儀や陵の造営には、どれくらいの費用がかかるのだろうかという点だろう。

天皇の葬儀は「大喪の礼」と呼ばれ、「皇室典範」の規定により、国葬として執り行なわれる。昭和天皇の崩御は昭和64年1月7日だが、大喪の礼が行なわれたのはその死から49日目にあたる平成元年2月24日。1か月半以上も期間が空《あ》いたのは、世界各国の国家元首への連絡や、葬儀にともなう警備計画などの準備が必要であったためだ。

宮内庁では当初、大喪の礼の予定日を崩御の日から48日目としていた。だが、その日は2月23日で、新皇太子（現：天皇陛下）の誕生日と重なるため、外されることになった。そして、大喪の礼が行なわれるまで昭和天皇のご遺体は、内閣総理大臣の親任式や歌会始《うたかいはじめ》などの会場となる、皇居の正殿「松の間」に設けられた「殯《ひん》宮《きゅう》」に安置されていたのだ。

2月24日、大喪の礼は新宿御苑で行なわれたが、そこにはアメリカのジョージ・ブッシュ大統領（父ブッシュ）をはじめ、164か国の使節や大使など国内外から総勢約1万人が参列。国葬としては当時、史上最大の規模となった。

当然、厳重な警備態勢が敷かれたが、この警備費だけでも約25億円もの費用を要したといわれる。また、大喪の礼の当日には、約3万2000人の警察官を動員。これも空前の規模の配備であったという。

いっぽう、昭和天皇が埋葬される陵墓は、崩御後すみやかに建造工事が着手された。1月17日、皇室墓地である武蔵野陵（東京都八王子市）でマスコミをシャットアウトした厳戒態勢のなか「陵所地鎮祭の儀」が行なわれ、陵墓の造営がスタート。約1か月のスピード工事により完成した昭和天皇陵の総面積は、テニスコートおよそ16面分に相当する2500平方メートル。陵墓の形状は、上部が円《まる》く下部が四角い「上円下方墳」である。古墳によく見られる「前方後円墳」ではない。

工事を受注したのはゼネコン大手の大林組で、造営にかかった費用はおよそ30億円であったとされる。その結果、昭和天皇の葬儀で費やされた金額はおよそ100億円と膨大《ぼうだい》なものとなった。

同年の国家公務員（I種／当時）の初任給が約14万円であったことを考えると、現在よりも規模の大きい数字としてとらえたほうがいいだろう。

●皇族方の陵墓造営の金額は？

昭和天皇の葬儀は国葬であったため、費用は総理府（現：内閣府）の予算でまかなわれたが、すべての費用がここから出されたわけではない。

というのも、葬儀はいわゆる二部制で、大喪の礼の前には皇室の儀式である「葬《そう》場《じょう》殿《でん》の儀」が執り行なわれていた。そこでは高さ約3メートルの鳥居が建てられ、新天皇（現：上皇陛下）が「誠に悲しみの極みであります」と弔辞《ちょうじ》にあたる「御誄《おんるい》」

を述べられるなど、神道《しんとう》式の葬送が実施されたのだ。

この宗教色の強さから「葬場殿の儀は皇室の私的な宗教行事である」との意見があり、そのため儀式の費用は「宮廷費」によってまかなわれ、儀式で使用された真榊《まさかき》などは「内廷費《ないていひ》」から捻出されたのである。その後の〝国の儀式〟として行なわれた大喪の礼では、政教分離の観点から鳥居や真榊は撤去され、祭官も退席する運びとなった。

ここまでは昭和天皇の葬儀を例に挙げたが、ほかの皇族の陵墓造営などにかかる費用はいかほどなのだろう。

まず、昭和天皇の后《きさき》である香淳《こうじゅん》皇后は、平成12（2000）年6月に崩御されたが、その陵の造営に要した総工費は約18億5000万円。こちらは昭和天皇と異なり、全額が宮廷費からの支出となった。当時の宮廷費は60億円台であったため、香淳皇后陵の建造はきわめて大きな出費であったといえる。

また、平成28（2016）年10月、昭和天皇の末弟で、現上皇陛下の叔父にあたる三笠宮崇仁親王《みかさのみやたかひと》が100歳で薨去《こうきょ》されたが、葬儀費用には総額約2億8900万円の予算があてられた。

内訳は本葬である「斂葬《れんそう》の儀」に約1億3400万円、墓所建造に約1億240

0万円などで、平成26（2014）年6月に薨去された崇仁親王の第2男子・桂宮《かつらのみや》宜仁《よしひと》親王の葬儀関連費用はおよそ2億6000万円。崇仁親王の葬儀費用のほうが3000万円近く増額されているが、これは労務単価の上昇や、葬儀場に参列者向けのモニターを設置したことなどが理由とされている。

いま挙げた金額を高額と感じるか否《いな》かは人それぞれだが、これらの費用の出所が国民の納めた税金であることに間違いはない。本項の冒頭に記した「陵の縮小化」も、国民にたいする経済的な負担を極力軽減したいという上皇・上皇后両陛下の願いから発せられた方針であったとされる。

そして、このご意向を受け、両陛下の崩御のさいには昭和天皇と香淳皇后の陵よりも2割ほど規模の小さい陵墓が造られる予定で、それにともない造営費用も削減される見通しであるという。

さらに、両陛下は陵の小規模化だけでなく、もうひとつ大きな意思を示されている。それが火葬の復活だ。じつは、江戸時代初期の後光明《ごこうみょう》天皇から昭和天皇まで、歴代天皇の遺体は代々、土葬で埋葬されつづけている。土葬は神道にのっとった埋葬方法とされるが、両陛下は400年ぶりにこれの変更を希望された。

現代は、火葬が一般化していることや、江戸時代以前では天皇家でも火葬が多く行なわれていたことなどから望まれたとされるが、葬儀の規模や形式が見直され、儀式もより簡素に執り行なうことができるというお気持ちもあったのだろう。

なお、上皇陛下は上皇后陛下と同じ陵に葬《ほうむ》られる「合葬《がっそう》」を望まれたものの、上皇后陛下が「あまりに畏《おそ》れ多い」と固辞《こじ》。皇室の歴史においても、合葬されたのは6世紀前半の宣化《せんか》天皇と橘仲皇女《たちばなのなかつひめみこ》、7世紀後半の天武《てんむ》天皇と皇后の持統《じとう》天皇のみである。この例の少なさからも、上皇后陛下には遠慮するお気持ちが強かったとされる。

「ご公務」「お出まし」の費用はどれくらい？

●書類の認証だけでも年間700件の激務

平成28（2016）年8月、当時の天皇陛下、現在の上皇陛下はビデオメッセージによって、象徴としての務めについて、お気持ちを国民に伝えられた。その内容を要約すると「もう自分も高齢なので、そろそろ若いものに任せてもよろしいでしょうか」ということだ。

る」とある。

天皇の譲位は、文化14（1817）年に第119代光格《こうかく》天皇が仁孝《にんこう》天皇に譲って以来。しかも、皇室典範第4条には「天皇が崩じたときは、皇嗣が、直《ただ》ちに即位する」とある。

お気持ちの表明にたいし、この条文を「天皇が崩じていないのに、皇嗣の即位は認められない」とする解釈や、「崩じたときの対応を明記してあるのであって、崩じていない場合については規定がない」とする考え方もあり、「そこまでご苦労に思われるのであれば、お務めの内容を減らせばいい」「憲法の定めるとおり、国事行為に専念されるべきだ」という意見も出た。

政府は、この状態を「天皇の退位等に関する皇室典範特例法」を発令するという方法で何とか切り抜けはしたが、今後については未定である。では天皇陛下は、それほどまでにお忙しいのだろうか？　大まかではあるが、天皇の「行為」を挙げてみよう。

天皇陛下の行為は、憲法に定められた「国事行為」と、公的な意味合いを持つ「公的行為」、そのほかの「私的行為」に分かれる。

国事行為は憲法第7条の「憲法改正、法律、政令及び条約の公布」「国会の召集」「衆議院の解散」「総選挙の施行の公示」「国務大臣などの任免《にんめん》や全権委任状、大使や公使の信任状の認証」「大赦《たいしゃ》、特赦《とくしゃ》、減刑、刑の執行免除および復権の認証」「栄典の授与」「批准《ひじゅん》書《しょ》や法律の定める外交文書などの認証」「外国の大使、公使の接受《せつじゅ》」「儀式の執行」の10項目に、第6条の「内閣総理大臣の任命」「最高裁判所長官の任命」がある。

ただ、これらはすべて内閣の助言と承認を必要とし、天皇自身は国政にかんする権利の主張や行使が認められていない。事実上、政府が決めたことを粛々《しゅくしゅく》と実行されるだけだ。

たしかにそれだけならば、さほど負担はなさそうにも思える。しかし、それ以外の行事、つまり公的行事と私的行事が加われば、状況はがらりと変わる。

宮内庁によれば、今上天皇が即位されてから令和元年中に行なった閣議決定などの書類の認証は約700件。宮中や赤坂御所で行なわれた拝謁《はいえつ》、会見、晩餐会などの行事は約150件にのぼるという。

さらに、離任する外国大使の謁見《えっけん》が13か国、海外の元首との親電の交換が439件。ほかにも、各界各層の著名人や功績のあった人との面会が待ち受けている。これらのご公務に加え、国会開会式への出席や内閣総理大臣などの親任式、認証官任命式、外国特命全権大使の信任状捧呈式《ほうていしき》、勲章親授式などにも臨《のぞ》まれる。

また、全国戦没者追悼式、日本学士院授賞式、日本芸術院授賞式など都内の行事や、全国植樹祭、国民体育大会、全国豊かな海づくり大会などに出席されるため年4回の定期的な外出があり、そのほか被災地への慰問《いもん》など必要に応じて全国をまわられる。

国内だけではない。国際親善のための訪問のほか、外国王族の葬儀参列などの機会に海外に赴《おもむ》くこともある。

●行幸啓の宿泊代は「一律2万円」

ご公務だけでも多忙ななか、ご自身が興味を持つ研究にいそしみ、伝統文化の継承にも力を注がれている天皇陛下。そのうえ、代々引き継がれてきた「宮中祭

全国植樹祭で苗木を植えられる天皇陛下（写真：時事）

祀」も斎行されている。まさに、スケジュールぎっしりの毎日だが、やはり気になるのはお金の出どころだ。

宮中でのご公務や儀式、国会など都内への外出は、さほど経費もかからないであろう。費用がかかりそうなのは、地方への出張だ。

天皇陛下の外出は「行幸《ぎょうこう》」といい、皇后陛下や皇太子、皇太子妃は「行啓《ぎょうけい》」という。合わせて「行幸啓」。天皇ご夫妻のご旅行も行幸啓だ。この行幸啓にかんする費用明細は平成13（２００１）年の「阪神・淡路大震災状況視察」における兵庫県訪問について公開されている。

それを見ると、総額で５９７万８７２円。もっとも高いのは飛行機のチャーター代で、３２２万６９３２円となっている。予算項目は「庁費」「招宴費」「報償費」に分かれており、庁費は移動や同行する宮内庁職員の経費、招宴費は天皇・皇后両陛下の昼食と地元関係者のお礼代で報償費は宿泊費にあたる。

なぜ、「報償」という言葉を用いるのかというと、やんごとなき方へお金を請求するのは失礼だ、という戦前の認識から、請求ではなく「皇室からのお礼」という名目で支払われる慣行《かんこう》からきている。

庁費の適用科目は飛行機の借り上げ費のほかに、供奉員《ぐぶいん》（宮内庁職員）の宿泊費、ホテル内に宮内庁職員の事務所スペースを借りた公室借上料、そして昼食費と新聞代。これに「御料車」の回送費が加わる。

宿泊費は1泊あたり2万円の17人分、公室借上料は1日1室あたり1万5000円の3日分、お昼の弁当は1食1600円で、新聞が全国5紙と神戸新聞、そして英字新聞2紙で4万340円、御料車《ごりょうしゃ》の回送費は4万9600円だ。

招宴費の科目は昼食代、お礼は茶菓代という婉曲《えんきょく》な表現になっている。一般のパーティーで、来賓に包んでわたす金銭を「お車代」というのに似ている。

報償費は宿泊代に加え、従業員手当という科目もある。いわば〝チップ〟だ。ホテルの収入は、報償費と職員の宿泊費、公室借上料、ホテル側が用意すれば昼食代も含まれるが、この宿泊費2万円と昼食代1600円は全国統一。どのホテルに宿泊し、どんな弁当を召し上がっても同じだ。

ちなみに、この2万円という額は平成23（2011）年に愛子内親王が山中湖へ校外学習に出かけられたときも同じなので、現在も大きな変更はなされていないと考えられる。

これらの費用は、公務の場合は宮廷費から、私的な旅行は内廷費から支払われるが、宮内庁職員の経費は宮廷費だ。

つまり、宮内庁費の人件費は通常業務に限られ、出張旅費は宮廷費という、ちょっとややこしい区分になっている。また、伊勢神宮や歴代天皇の御陵などへの参拝は内廷費から支払われるが、やはり随伴《ずいはん》する職員は宮廷費からとなる。

即位パレードに使われたオープンカーの値段は？

●改造が施された特別仕様車は8000万円

新天皇即位のニュースを耳にして、クルマ好きの興味を引いたのは、「果たして陛下は、どんな車でパレードをされるのだろう？」ということだろう。

上皇陛下が天皇に即位されたときは、イギリス製の「ロールス・ロイス・コーニッシュⅢ」のオープンカー。これを国が購入し、皇太子殿下（現：天皇陛下）が小和田雅子さん（現：皇后陛下）とご成婚されたときも、同じ車でパレードを行なった。

しかし、令和の「祝賀御列の儀」に用意されたのは、新型の「トヨタ・センチュリー」をベースに改造されたオープンカーだ。

センチュリーはトヨタの最高級セダンで、改造前の新車価格は税込み1960万円。これにいろいろ手が加えられ、内閣府が約8000万円を上限に契約して購入した。納車は令和元年9月26日。当初、10月22日に予定されていた祝賀御列の儀の日程に合わせたものだ。

車種の選定にあたっては、センチュリーのほか、日産の「シーマ」、ホンダの「レジェンド」、ロールス・ロイスの「ドーン」、メルセデス・ベンツの「S560カブリオレ」の4車種が候補にあがったという。

令和元年9月18日付の皇位継承式典事務局の資料によれば、「天皇皇后両陛下のお車については、オープンカーとし、センチュリーとするとしていたところ、今月中に納車の予定」とある。

また、車両の概要として「儀式に相応《ふさわ》しい重厚感のある外観を有し、平成度に用いた車両を上回る全長・全幅《ぜんぷく》を確保」「天皇皇后両陛下のお姿を沿道等から見えやすくするため、御料車を参考に後部座席について座面の位置、背もたれ角度の調整を実施」「安全性能：衝突回避、自動ブレーキシステムなどを有し、後部座席にサイドエアバッグを装備」「環境性能：平成32年度燃費基準＋20％達成、環境物品等の調達（グリーン購入）に関して内閣府本府が定める方針（平成30年度）に適合」とあるので、これらを総合的に判断して選ばれたのだろう。

●たった2回しか使われなかったロールス・ロイス

ただ、ここで疑問を抱いた人もいるのではないだろうか。それは、「上皇陛下が天皇に即位されたときのロールス・ロイスは、どうなったのか?」「そもそもロールス・ロイスは何回使われたのか?」ということだ。

ロールス・ロイスが使用されたのは、平成の即位パレードと今上天皇のご成婚の2回のみ。そのほかは関連行事で、3度公開されただけだ。それでも整備はきちんと行なわれていて、皇居内で定期的な試運転を行なうなど、その状態は良好だったらしい。

しかし、重要な部分の故障により、平成18(2006)年を最後に、試運転は中止された。宮内庁はメーカーに部品の調達を依頼したものの、オーダーメイドなので納品がいつになるのかわからない、との答えを得たという。

朝日新聞電子版の報道によると、管理する同庁車馬課は「すでにメンテナンスのための部品が手に入らず、久しくエンジンをかけていない」とコメント。ときどき職員が車体を磨いているが、車検も通しておらず、公道を走れる状態ではないという。国の一大セレモニーとはいえ、公道を走る限りナンバープレートもいるし、車検を通す必要があることが、これでわかる。

ロールス・ロイスの価格は約4000万円。センチュリーの半額だ。最終的な走行距離は約4000キロメートル。登録済みの新古車レベルである。経費削減を考えれば、走らせたかった気持ちを持つ関係者もいたであろう。とはいえ、部品がなくては修理することもできない。今回、国産車が選ばれた理由は、そんなところにあるのかもしれない。

現在、ロールス・ロイスは、「保存用参考品」として宮内庁の車庫で保管されている。即位やご成婚を祝う大勢の歓声を浴び、祝福のまなざしを向けられ、警備の車列に囲まれながら首都の道路をゆっくりと走ったロールス・ロイス・コーニッシュⅢ。晴れやかな過去を持ちながらも、もはや二度と日の目を見ないのかと思うと不憫《ふびん》ではある。

いっぽう、センチュリーは式典の終了後、内閣府において管理し、政府全体で有効に活用するとされている。また、東京および京都の迎賓館《げいひんかん》において、慶祝行事の一環として展示された。

こちらもふたたび活躍の場が設けられることはあるのか。国産車の実力を、ぜひとも見せてもらいたい。

▼国民と国土が天皇のものとなった「公地公民制」

天皇がまだ「大王《おおきみ》」と呼ばれていた時代、国の政治は天皇家が中心ではなく、有力な豪族たちの力を借りながら執《と》り行なわれていた。また、豪族は自分たちの土地や「部曲《かきべ》」と呼ばれる私有民を抱《かか》え、彼らの働きと収穫によって財政を成り立たせる。大王家も名代《なしろ》・子代《こしろ》などの支配民や「屯倉《みやけ》」という直轄《ちょっかつ》の土地を持って、生計を維持していたのだ。

やがて、大王の親政を目指す「大化の改新」が行なわれると、すべての土地と人民は大王のものであるとされる。これが「公地公民《こうちこうみん》の制」だ。民衆には「戸籍」にもとづいた農地が与えられ、そこから「租《そ》」と呼ばれる税が徴収《ちょうしゅう》された。このシステムを法体系にまとめたのが「班田収授法《はんでんしゅうじゅのほう》」である。

8世紀になると中国の政治制度をベースにした「律令制」が国の基本となり、大王も「天皇」と号されるようになる。ただ、公地公民の制で天皇家の屯倉も朝廷が管理するようになり、事実上、天皇の私有財産は認められなくなった。

奈良時代に入って人口が増えはじめると、国が与えるための農地は不足しはじめた。しかし、土地が国のものである限り、民衆は開墾《かいこん》しようとしない。そこで出されたのが「三世一身法《さんぜいっしんのほう》」であり、新しく開墾した土地は3代まで、池や溝といった既存の灌漑《かんがい》施設を利用した場合は本人の代限りの所有を認めた。

それでも所有期限が過ぎれば国に戻す必要があるため、せっかく開墾した農地も返還前には荒れ地になってしまう。しかたなく朝廷は「墾田永年私財法《こんでんえいねんしざいほう》」を発布。これにより、新しく開墾した土地は永久に私有することが許されたのだが、同時に公地公民制の崩壊を招くこととなったのだ。

▼「勅旨田」が皇室の財源に

墾田永年私財法を受けて、有力な貴族や社寺、地方豪族は競《きそ》って開墾を行ない、広大な私有地「荘園《しょうえん》」を手に入れる。ただ、所有権は獲得しても、そこから租税が徴収されるのは、これまでと同じだ。また、境界の争いや、耕作する民を管理する費用も必要となる。ただ、有力者のなかには朝廷と結託《けったく》して免税措置《そち》を受けるものもあらわれ、管理や警備を強化する動きも起きた。

この動きにたいして、弱小貴族などは有力者に荘園を寄進《きしん》するようになっていき、個人の所有地は広がり、同時に権力も集中するようになる。天皇を凌駕《りょうが》するほどの実力を持つようになった「藤原氏」などがよい例だ。

荘園は皇族にも寄進され、朝廷からの費用以外にも収入を得ることができた。ただ、形骸化《けいがいか》されたとはいえ公地公民の制は存続しているので、天皇が私有財産を持つことはできない。しかも、税が免除された荘園の増加で、朝廷の収入は減少する。そこで、天皇家も勅諭《ちよくゆ》によって農地を開発。この「勅旨田《ちよくしでん》」は皇室経済の財源にあてられるようになる。

ただし、天皇以外の皇族は荘園の所有を許された。したがって、天皇の座を退《しりぞ》けば膨大《ぼうだい》な資産を得ることが可能になる。それが上皇による「院政」の本来の目的だとする説もある。元天皇といえば、見方によっては現天皇以上の実力者だ。寄進を望む領主が増えるのも無理はない。

じっさい、鳥羽《とば》上皇は莫大《ばくだい》な荘園を有し、愛娘の暲子《しようし》内親王は、そのすべてを相続。新たに寄進されたものを含めると200か所に及ぶとされる。

これらは暲子内親王が「八条院」という号を受けていたのにちなんで「八条院領」と呼ばれる。暲子内親王は一生独身を通したため財産を独占し、この財力をもって後白河《ごしらかわ》院政を陰で支え、以仁王《もちひとおう》が令旨《りようじ》を発して反平氏の挙兵を促したときも支援した。まさに平安末期におけるフィクサーでもあったのだ。

二章

ご一家は健康保険料や税金、国民年金を払っている？

●天皇家の家計を支える内廷費の使い道——

内廷費によって支えられている「宮中祭祀」

●国家と国民の安寧と繁栄を祈る儀式

現行憲法において、天皇は日本国民の総意にもとづく象徴と位置付けられているのはご存じのとおりだ。行なうべき重要な公務には、同法6条と7条に規定されている「国事行為」がある。

ただ、現在の皇室内部でもっとも大切にされているといわれるのは国事行為ではなく、私的行為に分類される「宮中祭祀《さいし》」だ。

宮中祭祀とは天皇が皇祖神《こうそしん》・天照大神《あまてらすおおみかみ》をはじめとする八百万《やおよろず》の神々に、国家と国民の安寧《あんねい》や五穀豊穣《ごこくほうじょう》を祈る祭儀のことである。祭祀は三種の神器のひとつ「八咫《やた》の鏡《かがみ》」が置かれている「賢所《かしこどころ》」、歴代の天皇や皇族の霊を合祀《ごうし》した「皇霊殿《こうれいでん》」、国内のさまざまな神を祀《まつ》った「神殿」で、そのほとんどが行なわれており、この3つの建物は「宮中三殿《さんでん》」と称される。

仏教に深く帰依《きえ》した天皇もいるにはいたが、本来の主たる宗教は神道《しんとう》であり、歴史的にも天皇は、神に豊作を祈願する祭祀の主宰者《しゅさいしゃ》として存在してきた。

宮中祭祀は古代より連綿《れんめん》と受け継がれ、10世紀前半、第59代宇多《うだ》天皇が記した『寛平御遺誡《かんぴょうのごゆいかい》』には、「天皇の日常は毎朝早く服装を整え洗面してから、神を拝すことより始まる」という記述が見られ、13世紀前半、84代順徳《じゅんとく》天皇が皇室の心得を著《あらわ》した『禁秘抄《きんぴしょう》』にも「宮中の作法は何より神事を優先し、朝夕に神を敬《うやま》い、伊勢神宮や賢所には足を向けることさえあってはならない」と記されている。歴代の天皇がいかに祭祀を重視していたかがうかがえる。

とくに天皇が〝統治者〟として存在した戦前において、宮中祭祀はもっとも重要な国事行為と考えられていた。明治41（1908）年には、皇室令のひとつである「皇室祭祀令」が制定され、そこには祭祀を行なうべき期日などが規定されている。

しかし戦後、新憲法のもとでは政教分離の原則から、宮中祭祀は天皇の公的行為ではなく〝天皇が私的に執《と》り行なう儀式〟と見なされるようになった。そのため、祭祀に要する経費は、内廷費《ないていひ》によってまかなわれているのだ。

それでは、じっさいにどれくらいの金額が宮中祭祀に費《つい》やされているのだろうか。平成2（1990）年、国会答弁で当時の宮内庁次長が、項目別のおおよその比率を述べている。

それによると、祭祀費の割合はおよそ8パーセント。昭和49（1974）年から過去5回、内廷費の比率が公表されているが、その数字はほとんど動いていない。平成8（1996）年から平成31（2019）年までの内廷費は3億2400万円で固定されているので、この金額を平成2年に発表された比率に掛け合わせてみると、祭祀費はおよそ2600万円となる。

ただし、これらはあくまでも、祭祀に必要な榊《さかき》や装束《しょうぞく》などの物件費だ。これとは別に、天皇ご一家が私的に雇用しているスタッフ、いわゆる「内廷職員」の人件費がプラスされる。

これが、およそ34パーセントの約1億1000万円。政教分離の原則から宮中祭祀にかかわる掌典《しょうてん》や内掌典は公務員であってはならないため、彼らの給与は天皇家の私費から支払われることになるのだ。

●なぜ、新嘗祭が最重要視されるのか？

では、この内廷費によって支えられている皇室の祭祀には、どのようなものがあるのだろう。

宮中祭祀には、天皇陛下がみずから祭典を斎行《さいこう》し祝詞《のりと》を奏上《そうじょう》する「大祭」と、掌典職のトップ・掌典長が祭主として祭典を行ない、天皇陛下が礼拝する「小祭」があり、年間の祭儀はおよそ30件を数える。そのなかでもっとも重要な祭儀といわれているのが、毎年11月23日、勤労感謝の日に行なわれる「新嘗祭《にいなめさい》」だ。

新嘗祭は古代の歴史書『古事記』や『日本書紀』にも記述が見られるほど歴史の古い大祭で、その内容は天皇陛下が新穀《しんこく》を神々に供《そな》えられ、穀物《こくもつ》の恵みと神恩《しんおん》に感謝するというもの。数ある宮中祭祀のなかで、この祭事がもっとも重んじられているのは、農耕民族である日本人にとって、五穀豊穣こそが国家安泰の礎《いしずえ》と考えられているためだ。

新嘗祭は午後6時から8時までの「夕の儀」と、午後11時から翌日午前1時までの「暁《あかつき》の儀」の2回にわたり、宮中三殿に付属した「神嘉殿《しんかでん》」で行なわれる。当日、純白の祭服《さいふく》に身を包まれた天皇陛下が剣璽《けんじ》（草薙剣《くさなぎのつるぎ》と八尺瓊勾玉《やさかにのまがたま》）を奉持した侍従《じじゅう》をしたがえて建物に入られると、内廷職員により神への供え物である「神饌《しんせん》」が次つぎと運ばれる。

神饌の中身は蒸《ふ》かした新米や粟《あわ》飯、刺身のように調理されたタイやアワビ、カツオなどの鮮魚、さらに干し魚にクリやナツメといった果実など。天皇陛下はそれらを古式の作法にのっとり、みずから竹製の箸で器《うつわ》に盛りつけていく。

その後、拝礼し御告文《おつげぶみ》を奏上すると、今度はおさがりの新穀を食す「直会《なおらい》」という儀礼に臨《のぞ》まれる。

新嘗祭は合計4時間にも及び、そのあいだ、天皇陛下は重い装束《しょうぞく》を身に着けられたままだ。しかも大半の所作《しょさ》が正座で行なわれる。ひじょうに体力を要する儀式であるため、上皇陛下は天皇時代に、新嘗祭が近づいてくると、長時間の正座に耐えられるように、御所で「正座の練習」をされていたという。

また、宮中祭祀のうち1年で最初に行なわれるのが「四方拝《しほうはい》」と呼ばれる祭儀だ。これは元旦の夜明け前、神嘉殿の前庭に設けられた畳の御座に天皇陛下が着座され、伊勢神宮をはじめ四方の神々を遥拝《ようはい》する祭祀である。四方拝は陛下おひとりで行なう祭儀で、他の皇族や掌典長は代拝できない。そのため、天皇陛下が体調不良などにより実施できない場合は取りやめとなる。

ほかの主だった祭祀としては、皇位の元始を祝う1月3日の「元始祭《げんしさい》」や、1月7日、昭和天皇が崩御《ほうぎょ》された日に行なわれる「昭和天皇祭」、春分の日と秋分の日にそれぞれ斎行される「春季皇霊祭《こうれいさい》」と「秋季皇霊祭」など。なお今上天皇の誕生日を祝う「天長祭《てんちょうさい》」は、平成では12月23日に行なわれていたが、令和の時代は2月23日となる。

天皇の私的行為と見なされ、内廷費によってまかなわれる宮中祭祀は、メディアで取り上げられる機会もさほど多くはない。だが、けっして軽視されているわけではなく、天皇陛下が出席される国民体育大会の開会式や植樹祭、また閣僚の認証式などの日程は、祭祀の期日と重なることがないよう配慮されているという。

被災地への「お見舞い金」はどこから出ている？

●被災地訪問や金一封の賜与は「私的行為」

近年ひんぱんに発生し、人々の生活を脅《おびや》かしてきた大規模な自然災害。平成の歴史のなかでも、とくに忘れることができない出来事として、平成7（1995）年には阪神・淡路大震災が、さらに平成23（2011）年には東日本大震災が発生している。

また、令和元（2019）年の秋には、関東・東北を中心に甚大《じんだい》な被害を及ぼすこととなった台風19号が日本列島を襲ったことも記憶に新しい。

自然災害発生時、ニュースなどで報道されるのが先の天皇陛下（現：上皇陛下）と皇后陛下（現：上皇后陛下）が被災地を訪れ、被災した住民に励ましの言葉をかけられている姿だ。災害により、さまざまな傷を負った多くの人々にとって、両陛下からの励ましは勇気づけられる行為であることはもちろん、住民に歩み寄り、お言葉をかけられる姿をニュースなどで目にすると、我々も心が揺さぶられる。

これまで大規模な災害が起きるたびに、幾度《いくど》となく行なわれてきた両陛下による被災地への慰問《いもん》。また、被災地域への災害見舞金として金一封が贈られるケースも多い。天皇陛下によるいわゆる「お見舞い金」は、皇室費のなかで、どこから拠《きょ》出《しゅつ》されているのだろうか？

大規模な自然災害が発生したさい、都道府県に賜《たまわ》るお見舞い金は内廷費から出される。したがって、災害見舞いは公的行為ではなく、私的行為と見なされている。内廷費の使途データは公開されていないが、過去にはお見舞い金の割合は全体の1割と公表されたこともあった。しかし、甚大な被害をともなう災害は、いつ、どこで起きるか予測できないため、見舞金の総額や回数などは定められていない。

お見舞い金は、被害を受けた都道府県にたいして贈られてきた。そのさいには、受領した各都道府県ホームページ上に、日時、伝達が行なわれた場所、伝達者、受領者の名前が掲載されることとなる。

令和元年秋の台風19号におけるお見舞い金のさいには、12都県の受領者がそれぞれ宮内庁を訪れ、同日に金一封というかたちで受領したことが伝えられている。また、宮内庁のホームページにも記録はそのつど掲載されており、令和元年には計4度、自然災害被災地へ贈られている。

●特定の対象に向けて贈られることも

見舞金は、被災地域にたいして複数の理由で贈られるケースもある。阪神・淡路大震災では兵庫県、大阪府へのお見舞い金のほか、甚大な被害となった兵庫県にたいし、「被災者の医療のため」として金一封が贈られている。

さらに同様のケースとしては、平成16(2004)年の新潟県中越地震発生時にも、新潟県へのお見舞い金のほか、「被災された高齢者のため」という名目で贈られた。また、東日本大震災では宮城県、岩手県、福島県にたいして、「被災者支援のため」として贈られている。

このように、被災地域内の特定の対象へ向けて贈られる場合もあり、当然、そのさいのお金も天皇家の内廷費に含まれている。平成以降、もっともお見舞い金が贈られた件数の多かった年は平成16年で10件を数えており、そのことからも大規模な自然災害がひんぱんに発生した1年として記憶されている。

天皇陛下や皇族の方々の姿を見て、励みになったという人は多い。とくに高齢者にとっては心強いだろう。しかし一部には、「天皇ともあろうお方が、庶民の前に簡単にお出ましになるのはいかがなものか」という意見があることもたしかだ。

皇室の会計は誰が管理している？

●使い道は自由には決められない

内廷費は天皇家の〝ポケットマネー〟なので、好きなように使っていいと思われがちだ。だが、なかなかそうもいかないのは皇室ならではだ。

内廷費の使い道については、年度初めに宮内庁長官らが出席する「内廷会計審議会」で決定されるので、全額が自由になるわけではない。平成２（１９９０）年に公開された使途データを見てみると、人件費が34パーセント、衣類など身のまわりのものが18パーセント、食費などに13パーセント、交際費・災害見舞金などが９パーセント、私的な旅行や研究費などに７パーセント、神事関係８パーセント、医療その他が11パーセントとなっている。

ここまで「どう使ったか」がデータ化されるとなると、一般の家庭のように、天皇陛下や皇后陛下がこまごまと帳面《ちょうめん》をつけ、管理しているとは想像しにくい。

では、審議会で決定した金額は、いったいどこでどのように渡され、誰が管理しているのだろうか。

宮内庁は内廷費について「天皇家の私経済に属する」という言い方をしているものの、残念ながら天皇家が自分たちで管理することはできない。時代をさかのぼってみても、戦前まで皇室費は「帝室費」と呼ばれて計上されていたが、大蔵卿（現：財務相）が管掌《かんしょう》していたので、天皇家が自由に使うことはできなかった。

明治43（1910）年には「皇室財産令」が布告。財政における「宮中府中の別」が明確となる。ここには「御料ハ宮内大臣之ヲ管理ス」という条文があり、「皇室財産」にかんする管理運用についての当事者は、天皇ではなく宮内大臣であるとした。これは、天皇が直接的に財産を管理運用することで権威が失われるのを危惧《きぐ》したためだ。

現在、審議会で決定した内廷費の収支の責任者は「内廷会計主管」が担《にな》う。内廷会計主管は皇室や宮内庁の会計を担う実務のトップ、「皇室経済主管」のこと。内廷費を取り扱うときだけ、「内廷会計主管」と肩書を変えるのだ。

内廷費は年4回に分けて口座に振りこまれるが、口座の名義人は天皇陛下ではなく内廷会計主管である。どこの銀行か気になるところだが、こちらはセキュリティ上の問題で、明らかにはなっていない。

●皇室の方はクレジットカードを持てる?

銀行口座はないものの、今上天皇は皇太子時代、イギリスでの留学時にクレジットカードをつくり、買い物を楽しまれていたというのは有名な話だ。

もちろん、皇族がクレジットカードを所有したのは、日本の歴史上初めて。パブでの支払いでクレジットカードを利用されたという証言もあるが、あくまで皇太子時代だから可能だった話だろう。天皇に即位されてからは、立場的に制約が大きく変わるので、現在、同じカードが利用できるのか、またいまだに所有されているのかは微妙である。

そもそも天皇ご一家は、つねに「国民の税金で暮らしている」と自覚されているそうで、幼少のころから堅実で質素な金銭感覚を教育されている。

今上天皇は昭和60(1985)年11月に、記者団から理想の結婚相手について質問されたところ、「贅沢《ぜいたく》を避ける意味において、金銭感覚が自分と同じ人がいいと思います」とし、「ニューヨークのティファニーに行って、あれやこれやと物を買うようでは困る」とユーモアを交《まじ》えて答えられ、話題となった。

この言葉からも、制限が多くて自身で管理できないものの、その気になれば欲しいものを購入できる状況にはあるという、そんな複雑なお立場が見てとれる。

いっぽう、女性皇族は、結婚後は一般人となるので、自分でお金の管理を行なう感覚が必要になってくる。婚姻届を提出し、配偶者と世帯をともにすれば、自由に銀行口座を持つことも可能だし、一時金も本人の口座に振りこまれるようになっている。

しかし、宮内庁からの援助は一切なくなるので、自分の収入と配偶者の給料をやりくりする生活が待っている。

愛子内親王は、幼稚園に通われていたころ、交通機関を利用するときにICカードを使っていたことがある。これも、愛子内親王が民間に嫁《とつ》ぐことを考慮した、雅子妃（現：皇后陛下）の教育の一環《いっかん》だったようだ。

お金との距離感がなかなか難しい皇族の方々。そのなかで、一般とかけ離れた金銭感覚にならないよう、日々意識されていることはわかる。

ご一家は健康保険料や税金、国民年金を払っている？

●所得税は非課税。他には課税されるものもある

会社勤めの人や公務員の給与明細を見ると、所得税に住民税、厚生年金に健康保険と、さまざまなお金が天引きされている。自営業であっても、確定申告で決まった税金を納入し、国民年金と健康保険料を支払わなくてはならない。

だが、皇族の方々は給料を受け取っていないし、自分で事業を行なっているわけでもない。内廷費や皇族費が給料の代わりといえなくもないものの、「これが今月分」といって明細が渡されるわけではないだろう。

ならば、皇族の方々に納税の義務はないのだろうか。年金の心配はないにしても、病気になったときはどうしているのか。多くの疑問が浮かんでくる。

まず、国に払う所得税だが、「内廷費と皇族費については非課税である」と所得税法と皇室経済法で定められている。だからといって、すべての税金が免除されるわけではない。消費税はもちろん、免除規定のないその他の税金は一般人と同じく納めているのである。

一例を挙げれば、書籍を執筆し、刊行した場合だ。このときの印税収入は、内廷費でも皇族費でもないので課税対象となる。額に応じた所得税が徴収《ちょうしゅう》されるのだ。

また、上皇陛下は自動車好きなことでも知られ、1991年式「ホンダ・インテグラ」を所有されている。この自動車に関連する税金についても、宮内庁は「一般車と同じ」と回答している。ということは、自動車税も車検時の自動車重量税も納めているし、自賠責《じばいせき》保険も払っているということだ。

ただし、上皇陛下がご自分でハンドルを握るのは皇居内の敷地だけであった。公道ではないので免許は必要ないが、かつて上皇陛下は自動車免許を所持されており、85歳で更新せずに返納されたという。高齢者による事故が多発している昨今、率先《そっせん》して国民の模範《もはん》になろうとするご対応は、さすがである。

国民年金は、皇族である期間は戸籍と住民票がないので支払う義務はない。生命保険にかんしても、戸籍・住民票がないので、契約に必要な書類がそろわない可能性が高いし、必要性もやはりないと考えられる。

しかし、女性皇族が婚姻《こんいん》し、一般人になってからは義務が生じる。たとえば黒田慶樹さんと結婚された黒田清子《さやこ》さんの場合、皇族の身分を離れた時点で、選挙権や国民年金、納税の義務が生じている。

ただし、皇族だった期間も加入者扱いされ、受給資格も発生するという。もちろん、生命保険への加入も可能だ。

●医療費は基本的に「10割負担」

いちばん生活にかかわってくる国民健康保険については、こちらもやはり住民票がないので、皇族の方は加入することができない。したがって、基本的に医療費は10割負担となる。

一般でも全額負担となると、その金額はかなりふくらむが、天皇家の場合は、数百万、数千万にものぼる可能性が出てくる。なぜここまで高額になってしまうかというと、検査、手術費の全額負担以外にも、「病室」を選べる自由がないからだ。

たとえば、天皇陛下が医療費負担を節約するため、いちばん安い一般病棟の入院を希望されたとしよう。

個人部屋でなく大部屋ともなれば、同室の人も緊張で眠れないこと間違いなしだ。個人部屋であっても、セキュリティの問題があり、病院内はものものしい雰囲《ふんい》気《き》に包まれてしまう。医師には患者を拒《こば》むことのできない「応召義務《おうしゆう》」が医師法で定められているにしても、「さすがに、ちょっと……」となってしまうのは目に見えている。

そのような理由から、皇族の入院は皇室関係者が病院を指定し、準備をする。ちなみに、平成15（２００３）年に上皇陛下が前立腺《ぜんりつせん》がんの手術を受けられるため、東京大学医学部附属病院に入院された部屋は特別室。その費用は1日18万９０００円だったという。

ただ、天皇家の場合、これらを内廷費で払うことはほとんどない。日頃の健康については、皇室全体の健康全般を管理する統括責任者「皇室医務主管」を中心にして、病気のさいの治療方法などをしっかりと管理している。さらに、皇族方の健康管理を目的とした「宮内庁病院」もある。これらにかかる費用は、すべて無料だ。

また、天皇陛下の場合、健康診断や病気の治療も、公的な活動をつづけるために必要な管理のひとつと認められている。したがって、宮内庁病院以外での入院・手術が必要な場合も、費用は宮廷費から出される。上皇陛下が平成15年に受けられた前立腺がんの手術、平成24（２０１２）年の心臓の冠動脈バイパス手術は、ともに東大医学部附属病院で行なわれたが、宮廷費から拠出《きょしゅつ》されている。

しかし、宮家《みやけ》皇族の場合は、そうもいかない。宮内庁病院以外の病院にかかったときは、かなりの高額を私費で負担しなければならないケースもあるという。たとえば、〝ヒゲの殿下〟と呼ばれ、国民に親しまれた三笠宮《みかさのみや》寛仁《ともひと》親王は、食道や喉《のど》などのがんで計9回も手術を受けられたが、その費用は部屋代を含めてみずからご負担された。この負担があまりにも大きかったため、がんに限っては宮廷費から支払われることになったという。

こうして見てみると、税金や医療費など、ご本人の意思ではどうにもならない部分で負担する金額が大きくなるという、皇族ならではのご苦労があるようだ。

上皇ご夫妻の生活費はどれくらい？

●そもそも「上皇」とは、どんな存在なのか？

今上天皇の御父上である先の天皇を、「上皇」と呼ぶ。敬称は「陛下」。そのため、現在において陛下と呼ばれるのは天皇、皇后、上皇、上皇后の4人で、ほかの皇族は「殿下」である。

さて、この上皇という称号だが、復活は江戸時代後期の文化14（１８１７）年に光格《こうかく》天皇が退位して以来、じつに２０２年ぶりとなる。ただし、このころの正式な称号は「太上《だじょう》天皇」で、上皇は略称だ。

歴史にくわしい人ならおわかりであろうが、太上天皇は退位した天皇のこと。したがって、生前退位が一般的だった時代には、上皇が何人もいたことがあった。復権を目指して朝廷が鎌倉幕府と対峙《たいじ》した1221年の「承久《じょうきゅう》の乱」では、後鳥羽《ごとば》上皇、順徳《じゅんとく》上皇、土御門《つちみかど》上皇と3人もの上皇が配流《はいる》されている。

また、上皇として歴史に名高いのは、「院政」をはじめた平安時代末期の白河《しらかわ》上皇だ。院政とは、天皇ではなく上皇が実権を握って政治を行なう体制のこと。天皇と違って上皇は私有財産が認められていたため資産は豊富にあり、天皇の父親という優位な立場にもある。そのうえ、形式上は隠居《いんきょ》の身なので何かと自由だ。

そのため、白河上皇以降、早々に皇位を譲《ゆず》って院政を行なう上皇が続出。権威の分散によって、まとまるものもまとまらなくなってしまい、間隙《かんげき》を縫《ぬ》って成立したのが武家政権だとする説もある。

その後も上皇は存在したが、そもそも朝廷に実権がないので、さほど問題にはならなかった。だが、明治時代に入って武家政権が終わると事情は変わる。

薩摩と長州という、幕末雄藩の元藩士たちによって牛耳《ぎゅうじ》られていた明治新政府だが、建前は「天皇親政」、つまりは元首である天皇を頂点とした政治運営である。

そのため、上皇という存在があってはならない。なぜなら、天皇と同等、もしくはそれ以上に権威のある対象があっては、政治が政府の思うままにならないからだ。

そこで明治時代に成立した「旧皇室典範」では、当初、盛りこまれる予定だった譲位にかんする規定が省《はぶ》かれ、新天皇の即位によって元号が変わるという「一世一元の制」が成立する。

これにより、天皇の譲位は事実上失われ、上皇も存在しえないこととなる。そんな慣習が覆《くつがえ》されたのが、現在の上皇陛下による「象徴としてのお務めについての天皇陛下のおことば」だ。

天皇陛下が譲位のご意向を示されたことで、いくつかの問題が生じた。今上天皇と先の天皇という二重権威については、戦後の天皇は国家元首ではなく「国民の総意に基づく象徴」という立場なので、まず問題はないだろう。その他もろもろも、特例法を出せば何とかなりそうだ。残るは称号である。

明治時代もそうであったが、天皇を上回るほどの権威を持つかもしれない太上天皇という存在にアレルギーを持つ保守系有識者は多い。嵯峨《さが》天皇と平城《へいぜい》上皇が対立した810年の「薬子《くすこ》の変」や、1156年に起きた後白河《ごしらかわ》天皇と崇徳《すとく》上皇の内乱「保元《ほうげん》の乱」などを持ち出し、二重権威の危険性を示唆《しさ》した識者もいたという。

とはいえ、国民のほとんどは譲位を支持。そこで議論を重ねたうえ、譲位した天皇を「上皇」、皇后は「上皇后」と呼ぶことに決まる。ただし、今回の「上皇」は太上天皇の略称ではなく正式な称号だ。このあたりが、称号決定の妥協点だったのかもしれない。

●天皇時代と変わらない上皇ご夫妻の生活費

前置きが長くなったが、以上が「上皇」という称号が決定した経緯である。では、退位後の上皇と上皇后両陛下は、どう過ごされているのだろうか。

両陛下は、これまでと変わらず、借り上げの臨時専用列車や政府専用機を利用することができるし、宮内庁は側近部局の「上皇職」を新設している。65名の職員が、おふたりの生活を支えていくのだ。

日常の生活費は内廷費からあてられ、天皇ご一家と同じ生計のなかで営まれることになる。すなわち、新天皇が即位されても、家族のメンバーはそのまま。定額の内廷費も同じである。

いちばん大変なのは、生活の基盤となる住居だろう。天皇ご一家と上皇ご夫妻が約1年半をかけて住まいを入れ替えることとなる。天皇ご一家は現在の赤坂御所から皇居・御所へ。御所に住む上皇ご夫妻は東京都港区にある高輪《たかなわ》皇族邸を経《へ》て、赤坂御所に引っ越しされる。

転居のあと、赤坂御所の名称は「仙洞《せんとう》御所」に変更される。仙洞とは仙人の住《す》み処《か》を意味し、かつては太上天皇の住まいを指した。この仙洞御所の別称が「院」であり、院政は「仙洞御所で行なわれた政務」を意味する。

「入れ替わる」というだけなら簡単だが、長期間かけてのリフォームと数度の引っ越しが必要となり、その費用は宮廷費から捻出される。内容は皇居御所の改修工事、皇嗣《こうし》となられた秋篠宮邸の改修工事、赤坂御用地に新造される倉庫の建設費用も含め、宮内庁は令和2年度で15億9100万円を計上している。

上皇陛下は天皇に即位してのち、皇太子時代のお住まいである「東宮《とうぐう》御所」から平成5(1993)年12月にも引っ越しを体験されているが、当時の総工費は家具、調度品を含めて約56億円。そのさいに運び出された荷物は2トントラック延《の》べ約1000台分、そのうち私物は6割ほどの約120トンだった。引っ越し全体の予算は約4000万円である。

26年以上の歳月が経過している今回は、それ以上の荷物になるはずだ。外国の元首や各国の王族からの贈り物だけでも約4000点の品々があるという。

転居を機に、一部は博物館などへ寄贈されるものの、すべて天皇・皇后時代の思い出が詰まっているものばかり。荷物の整理は上皇后陛下が中心となられて行なわれたそうだが、今度の住居である仙洞御所が「終《つい》の住み処」となるので、持っていく荷物の仕分けには、強い思い入れがおありになったのではなかろうか。

しばらくは高輪皇族邸に仮住まいされる上皇ご夫妻だが、その期間は1年半ほどとなる見通しで、「仮」とはいえかなり長い。しかも、高輪皇族邸は上皇陛下の叔父にあたる高松宮宣仁《たかまつのみやのぶひと》親王と喜久子《きくこ》妃が暮らした邸宅だったが、平成16（2004）年以降、住居としては使われていない。そのため平成30（2018）年から、邸内の空調設備の取り替えや屋根の防水などの改修工事を開始した。

高いビルに囲まれた土地なので、外から中の様子が丸見えになる懸念《けねん》もある。そこで目隠しのための植林もされた。この改修費は当初は8・4億円が計上されていたが、費用をなるべく抑えたいとするおふたりのご意向で、室内運動場や研究施設の新設は見送られ、5億円台に圧縮されている。

平成31（2019）年3月末に高輪皇族邸の改修は終了。上皇ご夫妻は3月19日に皇居から神奈川県の葉山《はやま》御用邸に入られ、25日から31日まで栃木県の御料牧場に滞在されたあと、高輪皇族邸に移られている。

引っ越しを請《う》けおった運送業者は、入札で決定した日本通運。日本通運は平成5年の引っ越しも担当しているので、信頼もあるのだろう。歴史的価値の大きい美術品などの文化遺産も運ぶ必要があることから、複数の専門的な技術を持つ業者もかかわったということだ。

今後は仙洞御所で過ごされることになる上皇ご夫妻。ちなみに、赤坂御所は皇太子時代の東宮御所である。つまり、上皇陛下は上皇后陛下と知り合い、ご成婚され、現在の天皇陛下や皇嗣殿下、黒田清子さんと過ごされた住まいに戻られることになる。感慨《かんがい》もひとしおのことであろう。

散髪代は内廷費になる?宮廷費になる?

●線引きがあいまいになっている2つの費用

たとえば、皇后陛下が髪の毛をカットされたとしよう。美容や理容にかんする費用はプライベートなものなので、内廷費から支出される。ただし、晩餐会《ばんさんかい》に出席するためのセットとなれば、こちらは宮廷費になりうる。もちろん、即位礼正殿の儀で整えた「おすべらかし」にかかる費用も内廷費ではない。

そもそも天皇・皇后両陛下は「究極の公人」といえるので、プライベートはないに等しい。上皇陛下が退位のご意向を示されたときも、「天皇はその存在自体が重大・貴重なもので、国事行為・公的行為はかならずしも天皇御自身でなさる必要はない」との意見もあった。

うがった解釈をすれば、「存在」こそが天皇陛下の役目であり、「存在＝生きていること」が公務なので、公務を離れる時間（＝プライベート）は許されないと受けとることができる。かなりつらいお立場ではある。

となれば、「存在」を維持するための内廷費の存在自体、意味がなくなってくる。事実、明治時代から戦前まで皇室費は「帝室費」として、政府や国会の干渉《かんしょう》を受けなかったことは前に記した。そんな経緯もあってか、現在も内廷費と宮廷費の線引きはあいまいな部分が多い。

散髪代だけではない。ボールペン1本でも、ご公務に使われるものは宮廷費、プライベートな手紙を書くためのものは内廷費、宮内庁職員が使うのであれば宮内庁費。同じ業者から同じものを買っても、出どころは変わる。これは本来、一般企業でも区別すべきものではあるが、そこまでしている、もしくは監視している会社はおそらくないだろう。

このあいまいさを表現した言葉が、『天皇家の財布』（森暢平著：新潮社）に宮内庁幹部の言葉として記されている「ハブラシとヘアブラシほどの微妙さ」だ。ハブラシは完全なプライベート品。いっぽう、身だしなみという公的な性格から考えれば、ヘアブラシ代は宮廷費で出すことも可能となる。

ただし、先に示したように、存在が公務であるとするのであれば、歯周病予防にハブラシを使えば、これも宮廷費に当てはめることは否《いな》めない。皇族の健康管理費用が宮廷費であるとするのであれば、ハブラシや歯磨き粉も同じといえよう。

●学費の扱いが男女で異なる理由

ほかにも、愛子内親王が通われている学習院大学の学費は内廷費だ。だが、皇太子の学費は宮廷費となる。したがって、愛子内親王が男子に生まれていれば、学費は宮廷費からまかなわれたのだ。これには皇位の継承権がかかわってくる。

男子であれば、将来、天皇になる可能性がある。天皇に即位するためには、それなりの教養や知識も必要だ。これが、男子皇族の教育に宮廷費があてられる理由である。つまり、女性天皇が認められれば、愛子内親王の学費も宮廷費ということになる。

ならば、皇位継承順位2位の悠仁《ひさひと》親王はどうなのか。令和2（2020）年現在、悠仁親王はお茶の水女子大学付属中学校に在学されている。将来、皇位につくのはほぼ確実なので、学費は宮廷費から支出されている……と、ここまで読まれた人は思うだろう。事実、宮内庁は検討を行なったらしい。しかし、父親の文仁親王は、これを辞退。学費は皇族費から支払われることとなった。

私物や趣味の買い物はどうされている？

●外商のみならずオンラインショップも利用

女性らしさを示すには、ファッションも大切だ。現在の女性皇族の方々の私服ファッションを見ても、それぞれに好みがうかがえる。定番の物だけを楽しまれるのではなく、それぞれのセンスがしっかり前に出ているので、お好みのブランドを上手に選んでいるのであろう。

皇族方の私物や趣味の物は、内廷費のなかの「用度費」から出される。公的行事に着用するスーツなどは、皇室の活動費として宮廷費から出ることもあるが、靴下や下着は微妙で、使用内訳も公《おおやけ》になっていない。

では、私物の買い物はどうしているかというと、立場的に「欲しいとき、欲しいものを、お気に入りのショップで自由に」というのはなかなか難しい。明治時代は「宮内庁御用達《ごようたし》」という制度が設けられ、宮内庁の厳正なチェックを受け、厳しい基準に合格したもののみが皇室に届けられることを許されていた。だが、この制度は昭和29（1954）年に廃止。それでも、現在もご用達制度から引きつづき信頼を得ている200近い企業が、宮内庁に商品を納めているという。

とはいえ、それぞれに好みもあるだろうし、趣味のものなどにかんしては、さすがに自分で選びたいと思われるだろう。そこで、取り入れられているのが「外商《がいしょう》」システム。髙島屋や三越、松坂屋といった百貨店などからカタログを取り寄せ、そのなかから気に入ったものを見つけるのだ。直接見たり、試着したりしたいものは、御所や宮邸に運んでもらうこともできる。

インターネット時代になってからは、オンラインショッピングを利用されることもあるとか。しかし、当然ながらご本人の名前ではない。注文は宮内庁職員が担当し、配達人も皇宮《こうぐう》護衛官から厳重な身元チェックを受けなければならない。

ときには、カタログやオンラインだけでなく、じっさいに百貨店を訪れ、買い物されることもある。天皇ご一家が銀座松屋へ買い物に出かけ、幼少の愛子内親王にビーズのアクセサリーキットをおねだりされる――そんな一般的な家庭と変わらないショッピングを楽しまれたこともある。

また、天皇ご夫妻は財布を持たないという噂もあるが、ちゃんとご自分の財布をお持ちになっている。自動販売機で緑茶を買ったり、コンビニでアイスクリームを購入されたこともあるらしい。しかし、天皇・皇后両陛下だけでなく、すべての皇族の方々はどこに行くにもかならず護衛がつくので、ゆっくり見てまわるというわけには、なかなかいかないだろう。

●ロゴマークのないマジソン・バッグ

皇族の方が何を買ったのか、どこのものをお気に召しているのか、そのメーカー名は伏《ふ》せられていることが多い。

これは、ひとつのブランドをひいきしているように見えてしまうと、商業主義に巻きこまれる危険性があるからだ。それを表すのが、天皇陛下（当時は皇太子）の高校時代のエピソードである。

陛下が通学でご愛用されていたのは、当時大流行していた「マジソン・バッグ」。「MADISON SQUARE GARDEN SPORTSMAN CLUB / boxing wrestling football」というロゴと、鷲《わし》のマークが入ったデザインに多くの男子学生が憧れ、昭和43（1968）年から10年間で累計《るいけい》2000万個を売り上げた伝説の商品だ。この名前を耳にしただけで、現在50代から60代の男性は、懐かしさを感じるだろう。

ところが、特定のブランドをひいきにしないという理由から、侍従がメーカー側にロゴを全部抜いたデザインを特注したのだった。

ロゴのないマジソン・バッグ。それは、ただの紺色をしたナイロンバッグでしかない。それでも流行に乗った「買い物」をされたのは間違いなく、陛下はカバンを手にして笑顔で登校されていたという。

●自由とは言いがたい、天皇ご一家のお買い物

もうひとつ、天皇陛下が幼少のころの興味深いエピソードがある。天皇陛下が人生初の買い物をしたのは、昭和42（1967）年、学習院初等科2年生のときだ。両親（現：上皇陛下・上皇后陛下）の南米訪問中、天皇陛下は日本橋の髙島屋デパートに赴《おもむ》いた。

当時大人気だったのが、「サンダーバード」や「ウルトラマン」。天皇陛下もいそいそとエスカレーターで5階の玩具売り場へ直行し、1060円のロボットを購入。さらには6階の書籍売り場でSF評論家である大伴昌司《おおともしょうじ》著の『怪獣図鑑』を購入された。価格は350円。

流行の物をいち早く手に入れた興奮は天皇陛下も一緒。意気揚々《ようよう》と『怪獣図鑑』を友だちに自慢すべく登校された。ところが友だちは、すでに陛下が買い物をしているということをニュースで見ていたので誰も驚かない。この買い物事件で、天皇陛下は「日本中が自分を注視しているのだ」と初めて肌で感じたという。

さらに『怪獣図鑑』の出版社が「浩宮《ひろのみや》さまお買いあげ！」と宣伝したことから、「皇族は民間の商業活動から距離を置くべき」との社会勉強を経験されたそうだ。

こう見ると、天皇家の買い物は自由とは言いがたい。じっさい、そのおこづかい的な金額もけっして多くなく、1人あたり年間で500万円ともいわれている。そのなかから、ご公務で訪れた場所で土産を購入されることもある。

たとえば、上皇后陛下が昭和51（1976）年に工芸展を訪れて以来、42年間にわたって交流をつづけておられる特別支援学校「旭出《あさひで》学園」の雑貨。2年に一度、百貨店で開催される工芸展で買い物を楽しまれ、平成30（2018）年には折り鶴のチャームほか5種類13点を購入されている。

また、天皇ご一家の趣味といえば音楽。上皇后陛下のピアノの修理代金は内廷費より捻出されたので、天皇陛下のビオラ、愛子内親王のチェロなども同じだろう。

ただ、天皇陛下が皇太子時代に習っていた「語学」は、天皇の素養として必要な教育なので宮廷費から拠出された。かたや、皇居内で上皇陛下がハゼの研究をされる生物学研究所や、養蚕《ようさん》を行なっている紅葉山《もみじやま》御養蚕所の職員の多くは、内廷費で雇われている。

ペットを飼う費用は、やはり内廷費から？

●天皇ご一家はどんなペットを飼われている？

天皇家の古い歴史をひも解いてみると、清少納言の『枕草子』には、一条《いちじょう》天皇が飼っていたネコを溺愛《できあい》し、出産のさいには乳母《うば》をつけた、というエピソードが記されている。

現代ではそこまでしないものの、大の動物好きで知られている天皇ご一家。上皇陛下は皇太子時代にコリー犬の「エリー」とシェパードの「アナスタシア」を飼育し、かわいがられていた。

現在、天皇ご一家は1匹のイヌと2匹のネコを飼われている。愛犬は天皇ご夫妻や愛子内親王の誕生日の写真にもよく登場する「由莉《ゆり》」。その愛らしさから、世の愛犬家も注目しているほどだ。

トレードマークのバンダナも、そのときに天皇ご一家がお召しになっている服とさりげなく色が合うようコーディネートされており、とてもオシャレで凛々《りり》しい。

由莉は血統書付きのイヌではなく雑種だ。すなわち、ペットショップで購入したのではなく、動物病院で保護されているのを譲り受けた保護犬である。由莉の前には、「ピッピ」と「まり」という、やはり雑種犬を飼っていたが、こちらは赤坂御用地に迷いこんだ野良イヌが産んだ10匹のうち、もっとも小さかったオスとメスを両陛下が育てられたいきさつがある。

皇后陛下の結婚5年目の誕生日における記者会見では「イヌがいるというのも夫婦仲にとって、とてもよいように思います」と述べられ、「よく夫婦喧嘩《げんか》はイヌも食わぬと申しますけれども、ケンカの種は割とよく拾って食べてくれるような気がいたします」と、この2匹の存在の大きさをユーモアたっぷりにお話しされている。

この「まり」は平成21（2009）年2月に、ピッピも同年9月にあいついで他界。現在の由莉へと、その存在は引き継がれているのだ。

●保護された動物を家族の一員に

また、天皇ご一家は「ミー」と「セブン」というネコも飼われている。ミーは愛子内親王が学習院初等科3年生の春に赤坂御用地内に迷いこんだ野良ネコである。ミーには母ネコがおり、こちらも愛子内親王がかわいがられていたが、なんと名前は「ニンゲン」。このファンキーな名前の名付け親は愛子内親王ご自身である。「人間のような仕草をするから」というシンプルな理由だったようだが、そのニンゲンも、平成28（2016）年にこの世を去ってしまった。

同年、愛子内親王は、新たに動物病院からネコを譲り受け、「セブン」と名付けて新しい家族として迎えられた。名前は「7月生まれ」というのが由来のようだ。

このように、天皇ご一家のペットは動物病院から譲り受けたり、赤坂御用地に迷いこんだのを保護したりされているので、購入費は当然ながらかかっていない。エサをはじめとした飼育費にかんしては、どこから出ているかは明かされていないが、家族の一員としてかわいがられていることからも、内廷費から出されていると考えるのが妥当《だとう》だろう。

天皇ご一家も資産運用はできる?

●大手企業や都市銀行の株を所有

戦前の天皇家は世界有数の財閥であったが、戦後は昭和21(1946)年当時で約1500万円相当の金融資産や美術品、宝石類だけが私有財産として認められた。それでも、昭和天皇が崩御されたさい、その資産が20億円に増えていたのは有名なエピソードだ。この加増は質素節約を重んじていた昭和天皇の行動の賜物《たまもの》であると同時に、資産運用による収入があったのも理由と考えられている。

とはいえ、昭和天皇みずからが新聞やテレビで株価をチェックされたわけではない。そこは「経済顧問」といわれる私的な投資アドバイザーが担当していた。

たとえば、昭和60(1985)年当時では、経団連会長の石原泰三氏、のちには元日銀総裁の森永貞一氏が務めた。つまり、財界の重鎮《じゅうちん》らが天皇陛下にアドバイスを行ない、じっさいには銀行関係者が取引を行なっていたそうだ。高度経済成長期の景気がよいときやバブル崩壊の危機的状況もあったが、約40年のあいだにその額が100倍以上になっていることから見ても、投資は成功したといえる。

また、現在の天皇陛下の資産運用の詳細《しょうさい》は明らかにされていないが、大手企業、大手都市銀行の株は所有されているという。配当を得るのが中心で、積極的な売買はせず、資産管理の実務は「皇室経済主管」という宮内庁のキャリア官僚が行なっている。

それにしても、昭和天皇の時代は、なぜ積極的な資産運用がなされたのか。天皇ご一家には「内廷費」という生活費が定期的に入ってくるし、老後の心配もない。お金が増えても自由に使えるわけでもない。

にもかかわらず、私有財産を増やす必要があったのは、昭和天皇の代替わりの費用についての懸念《けねん》が宮内庁にもあったからとされている。

●「代替わり」の費用に備える目的も

太平洋戦争が終わって時代は変わり、天皇は元首でなくなった。また、民主主義の浸透《しんとう》によって天皇制の存続に疑問を抱く人が増え、さらに新憲法では政教分離の原則が設けられる。

このため、宮中祭祀の大嘗祭《だいじょうさい》をはじめ、皇位継承にかんする費用が、はたして公費（宮廷費）から出るのか不確定だったのだ。つまり、宮内庁は莫大《ばくだい》な費用を内廷費から支出しなければならない事態に備えたのである。

結果的には、平成・令和ともに、代替わりの儀式は国費で行なわれたが、天皇家の「費用の内訳」というのは、金額が大きいにもかかわらずボーダーラインを引くのが難しい。ただ、昭和から平成への代替わりの行事の総費用は１２３億円、大嘗祭の費用は22億５０００万円なので、宮内庁と昭和天皇が増やした「20億円」という私財は、多いともいえない。

次の時代もすべてが国費でまかなわれるとは限らない。そう考えれば、今上天皇や皇嗣《こうし》である文仁親王も資産運用の必要が生じてくるかもしれないのだ。

天皇ご一家のふだんの食卓の様子は？

●ご一家の食を支える宮内庁大膳課

「食」は生活と健康の基本。天皇陛下にとってもそれは同じだ。ふだん、誰がどのように献立《こんだて》を決め、陛下が何を召し上がっているのか気になるところではある。

まず、天皇ご一家の食事は、素材を「育てる」ところからこだわっている。使用する肉・野菜は、すべて皇室専属の「御料《ごりよう》牧場」で育てられる。

「御料牧場」は明治8（1875）年に、内務卿（事実上の首相）の大久保利通《としみち》が、内務省所管下の総牧羊場として、現在の千葉県成田市三里塚《さんりづか》周辺に開設。昭和44（1969）年に新東京国際空港（現：成田国際空港）の設置計画にともなって移転し、現在は栃木県塩谷郡高根沢町と芳賀《はが》郡芳賀町にまたがる地にある。

その敷地は約252ヘクタール。なんと東京ドーム約54個分だ。職員は60名おり、宮内庁所属の国家公務員待遇である。

ここで、約20種の野菜すべてが無農薬で栽培されている。ヒツジ、ウシ、ブタ、ニワトリも放牧され、その餌《えさ》もオーガニック。バター（有塩・無塩）、クリーム、カルグルト、ヨーグルトやゴーダチーズ、牛乳、ハム、ソーセージなどもここで生産されている。

「カルグルト」というのはカルピスに似た発酵《はっこう》乳で、脱脂《だっし》乳を濃縮したものを殺菌し、乳酸菌を加えて発酵させ、香料と砂糖シロップを加えて攪拌《かくはん》したもの。昭和天皇のお気に入りで、水で2倍に薄めて飲んでおられたとか。現在も朝食のメニューに引き継がれている。

このカルグルトを含め、宮内庁職員食堂でのみ販売されている牛乳以外の御料牧場でつくられた食材は市販されておらず、一般人は牧場に立ち入ることもできない。あくまでも天皇ご一家のための安全・安心な食材を育てる、閉ざされた場所なのだ。

ここでつくられた素材を調理するのが、宮内庁大膳《だいぜん》課の職員である。幅15メートル、奥行き25メートルほどの面積がある厨房《ちゅうぼう》で、天皇ご一家の日常の食事はもちろん、宮中晩餐会などの献立・調理も担当する。

現在、約50人が所属し、「厨司《ずし》」と呼ばれる料理人が、和食担当の「厨房第一係」、洋食担当の「厨房第二係」、和菓子担当の「厨房第三係」、製パン担当の「厨房第四係」、東宮御所担当の「厨房第五係」という5つのグループに分かれ、調理を行なっている。

大膳課は、天皇陛下が直接口にされる料理をつくるという重要な役目のため、一般公募はされない。国家公務員であるが、宮内庁職員や大膳課の職員の推薦がないと入れない狭き門となっている。

メニューは大膳課の料理長が専属の侍医《じい》と相談し、2週間ごとに決めていくのだが、単に「美味しいもの」というわけにはいかない。天皇陛下の健康に合わせて栄養価を考える必要があるし、食材費も少しの無駄を出すこともはばかられる。決められた予算のなかで、いかに素材の味を引き立たせることができるかに気を配っているのだ。

そこで、大膳課で代々受け継がれているのが、「食材を全部使うことが栄養バランスの偏《かたよ》らないいちばんの食である」とする「一物全体食《いちぶつぜんたい》」の考えである。食材を余すところなく使い切るので、肉類は骨まで使ってスープのダシを取るし、野菜の皮も葉も使い切る。

肝心の献立だが、天皇陛下の朝食は元旦を除いて洋食。トーストパンやオートミールなど、軽めのものを召し上がる。もちろん、カルグルトも定番メニューだ。昼食と夕食は和食から洋食、洋食から和食と、交互である。和食は野菜の煮物や青魚が中心の一汁三菜。その魚も高級魚ではなく、アジ、サバ、サンマといった大衆魚が多い。ただし、小骨は料理人の手で一つひとつていねいに取る。ほかの素材も、ジャガイモは完全な球状にカット、マメ類も薄皮まで取り除く。米は不ぞろいの粒を取り除くなど、細やかな作業が施《ほどこ》される。

量はけっして多くはなく腹八分目。昭和天皇の時代に設けられた「1日1800

キロカロリー以下」「塩分は10グラム以下」などの制限は、少しゆるやかになってはいるものの、いまも守られている。

全国や世界各国を訪れることの多い天皇陛下には、迎える側がはりきってご当地の名物などを大量に供することも多い。そんなときでも、陛下はけっして残すことなく召し上がる。そして、皇居に戻られたときには、胃を休めてくれる「レタススープ」が定番だという。

●好物は「召し上がり具合」で推し量る

食事の回数は1日3回。上皇陛下は天皇時代に、朝食は7時、昼食は12時、夕食は19時と時間を決めていたようだ。元日など大きな行事のあるとき、天皇陛下のスケジュールは秒刻み。そのため、昼食は手軽にとることのできる、フレンチのワンプレートランチが定番となっていたという。

このように全体に見ても、素材を活《い》かし、量もほどほど、調味料も健康を考えて制限されているので、天皇ご一家の食事は、いまも昔も贅沢どころか一般人よりも質素なイメージすらある。

一般人の食卓なら、「あれは好き、これは嫌い」と並んだ料理に一《いっ》喜《き》一憂《いちゆう》するものだ。しかし、天皇陛下はみずからの好みをお話しにならない。出されたものを残さず召し上がる。そこで料理長は「召し上がり具合」で好みを推し量《お はか》るのだという。

そんな「食べっぷり」から推測されたのか、昭和天皇がウナギのかば焼きを好んだというのは有名な話だ。また、麦飯も戦後の食糧難の経験から晩年までつづけ、今上天皇にも受け継がれている。

かつては各都道府県から特産品が献上品として届き、それを大膳課の料理人たちが調理した時代もあったようだが、現在は米も特別なものではなく、地元のお米屋さんから標準米を購入している。

上皇陛下は、天皇時代に公務で旅行したさい、必ず「カレーライス」を所望《しよもう》されたのも有名だ。作り置きができ、大人数で食せるなど、余計な気を使わないで済む条件のそろったメニューだというのが理由とされている。もちろん、ご自身の好物のひとつでもあるようで、皇太子時代に美智子妃と「カレー対決」をされたという、微笑《ほほえ》ましいエピソードも残っている。

また、赤坂御所には、上皇后陛下が「我が子のお弁当をみずからつくりたい」と強く希望されたことがきっかけで専用のキッチンがつくられ、現在の皇后陛下もそこで手料理をふるまわれることがあるという。家庭の味も、しっかりと楽しまれているのだ。

ちなみに、よく時代劇で見る「お毒味役」。こちらははっきりした役目はないが、侍医が塩分や栄養バランスを確認するため味見をする試食「おしつけ」はある。ただし、あくまでも栄養管理が目的だ。

天皇陛下が皇太子時代、友人が御所に遊びに行くと、おやつとして「村上開新堂」と「コロンバン」のお菓子が交互に出てきたというエピソードも。信頼のおける一定の品が定着しているのであろう。

天皇陛下はどれほど仕事をされている？

●休めず、代わりもいないお立場

天皇陛下は多忙である。年中行事の項目でも記したが、国事行為、公的行為に加え、私的行為とされる「宮中祭祀」も行なう必要がある。唯一無二《ゆいいつむに》のお立場であるため、「今日は疲れているから休む」とか「誰か代わりの者に」というわけにはいかない。

国事行為は「内閣の助言と承認を必要とする」とされているため、事実上、閣議で決定した内容を記載した書面に目を通し、署名と捺印《なついん》をする。閣議は火曜と金曜に開かれることが多いため、この日の午後に上奏文は集中する。決裁が遅れることは許されないので、後回しにすることもできず、静養で地方に出かけていても、内閣の担当員が上奏文書を持って訪ねてくる。

ただ、さすがに海外に出かけているときは、昭和39（1964）年に公布された「国事行為の臨時代行に関する法律」により、皇位継承第1位の皇族が国事行為を代わりに行なえるようになっている。つまり、このときまで天皇陛下が日本を離れることなど想定されていなかったのだ。

また、単純に「署名・捺印」といえども、ボールペンや万年筆でさらさらっと名前を書き、ハンコを押せばいいというものではない。上奏文と添付《てんぷ》された関係書類のすべてに目を通し、毛筆で御名《ぎよめい》を署名。それを控えている宮内庁職員が受け取り、天皇の印章である「御璽《ぎよじ》」を押す。

御璽は9・09センチメートル四方の金印で、重さは約3・55キログラム。明治7（1874）年に制作されたものだが、その制作費は不明だ。消耗品である御璽を押すための朱肉は必要に応じて交換されており、その価格は約30万円である。

●天皇陛下の〝手取り〟額はいかほど？

つづいて、天皇陛下の1日のスケジュールを見てみよう。令和2年5月現在、赤坂御所にお住まいなので、毎朝午前9時半に迎えに来る「御用車」に乗って皇居・宮殿にある天皇執務室「菊の間」まで出勤される。

特別な用事のないときは、そこでさまざまな書類に目を通され、12時になれば赤坂御所に戻って昼食。午後2時までが休憩時間で、そのあとはまた公務に戻られる。

これは、あくまでも事務仕事だけのスケジュールであり、要人の接遇《せつぐう》や謁見《えつけん》があれば予定は変わる。そのために、御所に仕事を持ち帰られることもあるという。宮内庁による天皇陛下の日程を見ると、年間の休日は80日程度。土曜か日曜日のどちらかにあてられることが多い。

このように、週に一度の休みであり、休みのときでも急用が舞いこんでくる天皇陛下のお仕事。「代わりのいない国家公務員」と考えれば、それなりの〝お給料〟が支払われることもうなずける。そのお給料にあたるのが、3億2400万円の内廷費だと考えてみよう。ここには上皇夫妻、皇后陛下、愛子内親王の扶養《ふよう》手当も含まれる。いや、上皇陛下も上皇后陛下も、皇后陛下も愛子内親王もお務め（仕事）を果たしているのだから、全員分のお給料だと見なすことはできる。

だが、私的に雇用している「内廷職員」の人件費が必要となるため、差し引きすれば2億1384万円という試算がある。5人で割れば2138万4000円。一家の主なのだから半分もらったとしても1億692万円だ。

さらに、国に納める所得税にかんしては非課税だが、東京都と千代田区には、それぞれ都民税と区民税を支払っている。

給料のもらいすぎで問題になったカルロス・ゴーン元日産CEOの年収は約10億円、日本の実業家でトップといわれるソフトバンクグループの孫正義社長兼会長は約93億円、安倍首相は約4000万円だ。

一般企業や政府のトップとくらべるものではないにしろ、簡単に「支払いすぎでは？」とはいいがたいというのが、おわかりいただけたかと思う。

天皇ご一家の遺産相続はどうなっている？

●皇族方にも相続税は課税される

東京の一等地にある広大な皇居や、赤坂や那須、葉山にある御用邸、さらに国宝級の物も多数含まれるといわれる膨大《ぼうだい》な数の絵画や宝飾品。これら莫大な財産を持っている天皇家は、相続のさいにいったいどうされているのか。相続税の課税対象になるのだから、節税対策も必要だろう。

天皇家の財産は、憲法8条によって「国に属する」と定められている。また皇室財産は国有財産法によって、「国において皇室の用に供し、または供するものと決定したもの」とされている。したがって、国によって認められていれば、皇室用の財産はすべて皇室財産ということになる。

つまり正式には、天皇家の財産は「皇室財産」と規定され、すべて国の持ち物だ。だから、そもそも相続されるような個人的な財産にはあたらないし、相続税も課税されないことになるはずだ。

いっぽうで、憲法は天皇や皇族が私有財産を持つことを、すべて否定しているわけではない。じっさいに内廷費の余剰《よじょう》分、つまり余ったお金の蓄《たくわ》えや本の出版や講演などで得た収入など、私有財産として認められているものもある。また、内外から皇室に贈られた美術品なども、私有財産とされるものがあるようだ。

ただし、やはり憲法8条は「皇室に財産を譲り渡し、又は皇室が、財産を譲り受け、若《も》しくは賜与《しょ》することは、国会の議決に基《もと》づかなければならない」と定め、制限

「皇室用財産」一覧

名称	土地（平方メートル）	建物（延べ面積：平方メートル）
皇居	1,150,436.87	108,228.41
赤坂御用地	508,920.96	24,686.68
常盤松御用邸	19,854.54	1,957.28
那須御用邸	6,625,665.10	6,953.20
須崎御用邸	384,413.22	5,236.90
葉山御用邸	95,796.46	3,625.70
高輪皇族邸	19,976.10	2,972.11
御料牧場	2,518,500.38	20,756.86
埼玉鴨場	116,415.57	1,110.76
新浜鴨場	195,832.16	1,091.95
京都御所（大宮、京都仙洞御所を含む）	201,933.86	16,339.67
桂離宮	69,535.33	2,101.97
修学院離宮	544,715.57	1,186.49
正倉院	88,819.06	5,584.93
陵墓	6,515,126.96	6,570.67
計	19,055,942.14	208,403.58

＊平成31年3月31日現在。宮内庁ホームページより

は受ける。

また、皇室経済法と皇室経済法施行法によって、つぎの金額の範囲内、また通常の私的経済行為の場合は、国会の議決を要しないとされている。

賜与《しよ》の限度額（年度間）		譲受《ゆずりうけ》の限度額（年度間）
天皇・内廷皇族	1800万円	600万円
宮家の皇族（成年）	各160万円	各160万円
同（未成年）	各35万円	各35万円

じっさいに憲法8条にもとづいて国会の議決を求めた事例としては、「皇太子明仁親王殿下のご結婚の際の議決」（昭和34年3月13日議決）、「天皇陛下のご即位の際の議決」（平成2年6月26日）、「皇太子徳仁親王殿下のご結婚の際の議決」（平成5年4月28日）、「天皇陛下のご即位の際の議決」（令和元年6月21日）がある。

●「皇室財産の相続の特例」とは

ここまで述べたとおり、皇室用の財産は皇室財産であり、一部認められている私有物を除けば、国に属しているものなので、相続される遺産にはあたらない。

そして別にもうひとつ、非課税の規定がある。「皇位とともに伝わるべき由緒《ゆいしょ》ある物は、皇位とともに、皇嗣がこれを受ける」という、皇室経済法に定められた「皇室財産の相続の特例」だ。

「皇位とともに伝わるべき由緒ある物」とは、たとえば「八咫鏡《やたのかがみ》」「天叢雲剣《あめのむらくものつるぎ》」「八尺瓊勾玉《やさかにのまがたま》」のいわゆる「三種の神器」などをいう。これらは国有財産ではなく天皇家の私有財産とされる。ほかに宮中三殿なども由緒物と認められている。

したがって、これらを相続しても非課税であるが、そもそも金銭的な価値をつけるのは難しいだろう。

これらの物品以外でも、皇室は国内のあちこちに広大な土地と建物を保有していて、すべて課税の対象であったとすれば相続税はおそろしい額になる。問題なのは課税対象となりうる「一部の私有物」である。

不動産とくらべて私有物に該当する美術品などについては、その内訳や数量、評価額などが明らかになることはほとんどなく、「由緒ある物」同様、金銭に換算できないような貴重なものもある。外国訪問のさいに贈られたものや献上品など、新しく増える可能性もあるので、全体の把握《はあく》は困難だ。

ただ、それを知る手がかりとして、昭和天皇から現在の上皇陛下への相続にあたって、宮内庁が遺産を整理したさいのデータがある。それによると、葛飾北斎《かつしかほくさい》や円《まる》山応挙《やまおうきょ》などの絵画、現存する最古の『万葉集写本』など、国宝級の美術品、宝飾品が約4600点あったとされる。

整理の結果、そのうちおよそ580点が「皇位とともに伝わるべき由緒ある物」と認定され、課税の対象外になった。さらに残ったもののうち、約3200点が国庫に寄贈され、国有財産となる。

最終的に残ったものは約800点、およそ7000万円相当だ。そのほか内廷費の余剰などを貯蓄した金融資産約18億円など、すべて合わせて約20億円が相続税の課税対象になった。

相続人は昭和天皇の后《きさき》である香淳《こうじゅん》皇后と現在の上皇陛下のおふたりで、このとき上皇陛下に課せられた相続税額は4億2800万円だったとされる。

これを上皇陛下は麴町《こうじまち》税務署に納税された。当然のこととはいえ、税務署員は、さぞや恐縮したことであろう。

▼官位を売って資金を調達した戦国時代

鎌倉時代に入って武家政権が成立し、１２２１年の「承久《じょうきゅう》の乱」で朝廷の権威が失墜《しっつい》すると、幕府は皇室領を大量に接収。財政的にも窮地《きゅうち》に立たされてしまう。さらに、後深草《ごふかくさ》天皇の系列である「持明院《じみょういん》統」と亀山《かめやま》天皇系の「大覚《だいかく》寺《じ》統」の両統が迭立《てつりつ》すると、皇室領も分裂してしまう。この皇室領、つまりは財産の減少が、大覚寺統の血統を受け継ぐ後醍醐《ごだいご》天皇による討幕の引き金になったとの考え方もある。

１３３３年、鎌倉幕府が倒れると後醍醐天皇は「建武の新政」を開始。ところが、公家を偏重《へんちょう》したため武士の反感を買い、わずか３年で頓挫《とんざ》する。後醍醐天皇は吉野に南朝を建て、室町幕府の推《お》す北朝と対立。「南北朝の内乱」がはじまる。

１３９２年、室町３代将軍足利義満のあっせんにより南朝と北朝は合一《ごういつ》。分裂していた皇室財産も、その大半が持明院統の嫡流《ちゃくりゅう》とされた伏見宮《ふしみのみや》家に集中した。これに嫡流《ちゃくりゅう》をめぐって対立していた後小松《ごこまつ》天皇が、伏見宮家から所領を奪取。幕府が介入して伏見宮家の後花園《ごはなぞの》天皇が即位することで決着がつく。

その後、院政も中断したため、院の財産（仙洞《せんとう》領）も天皇のものになる。その結果、安泰と思われた皇室財産だが、時代はそれを許さない。戦国時代の始まりである。

▼戦国大名からの献金が頼みの綱に

群雄割拠《ぐんゆうかつきょ》の時代に突入し、皇室領も戦国大名らによる侵奪《しんだつ》を受けた。朝廷は困窮《こんきゅう》して宮廷の儀式も滞《とどこお》るようになる。

とはいえ、皇室の権威が完全に失われたわけでもない。官位を授与する権利（叙任《じょにん》権）は室町幕府に奪われたままだったが、乱世の時代に室町将軍の権威が失墜すると、各武将は権威づけのための官位を、朝廷へ直接奏請《そうせい》（要求）しはじめる。天皇も幕府の取り決めを無視し、任官を許していくようになる。さらに、隣国への侵攻時には、朝廷から征伐《せいばつ》の綸旨《りんし》を受けることで自軍の正当性を得ようとした。

そうしたなかで、天皇との結びつきを強めていったのが織田信長だ。信長は財政難の朝廷に献金をしつつ、禁裏《きんり》の修理に協力することで天皇の信頼を勝ち取ると、その威光《いこう》を存分に利用。１５７０年に浅井・朝倉連合軍に攻められると、天皇の協力で講和する。同年に15代将軍義昭が織田家と敵対したときには、またもや朝廷の仲立ちで幕府との和睦《わぼく》を成立させている。

信長の死後に天下を取った豊臣秀吉も、朝廷から豊臣姓と太政《だじょう》大臣の役職を得ると、天皇の名で大名どうしの戦争行為を禁止する「惣無事令《そうぶじれい》」を全国に発布。すべての大名に、天皇とその臣下である豊臣家への従属を義務づけた。

このように、信長や秀吉の躍進《やくしん》にはかならずといっていいほど天皇の威光がかかわっていた。利用されたといったらそれまでだが、逆にいえば戦国大名が野望に利用できるほどの、もしくは大名どうしの戦いを天皇の名で制御できるほどの威光を保っていたことはたしかだ。

とはいえ、天皇が大名を制御しようとした形跡はない。存在感を取り戻したといっても、やはり戦国時代の朝廷は極度の財政難にあった。つまり、大名からの資金援助がなければ成り立たない状況だったのだ。

ひんぱんに官位を武将に与えたのも、資金調達が目的のひとつ。官位を売って資金を確保していたにすぎなかったのだ。

三章 宮中晩餐会の規模は賓客によって変わる？

●ご公務やお住まいに必要な宮廷費の使い道――

御料車はどんなサイクルで買い替えている?

●皇室専用車「センチュリー・ロイヤル」の価格は?

天皇・皇后両陛下の乗る自動車を「御料車《ごりようしゃ》」といい、使用されるのは国賓《こくひん》への接遇《せつぐう》や国会議事堂へ向かうとき、地方への行幸啓《ぎょうこうけい》などの公式行事のほか、私的な外出などだ。また、広義では皇族の方が乗る自動車も御料車と呼ばれることがある。後部座席の窓を開けて、両陛下が沿道の国民にたいし、にこやかに手を振られる光景はテレビのニュースなどでおなじみだ。

御料車には「皇ナンバー」のものと「品川ナンバー」のものがあり、国会の開会式や式典など公的な外出には「皇ナンバー」、それ以外には「品川ナンバー」と使い分けられている。管理は宮内庁管理部車馬課、運転は係長クラスの専属操縦員が行なっているという。

皇ナンバーは、皇室専用に使用される丸い小さなナンバープレートで、取り付けられるのは一般車のようなバンパー下の中央部ではなく、フロントグリルの端《はし》。銀メッキが施《ほどこ》され、「皇」の文字の下に数字が刻印されているのも特徴だ。通常のナンバープレートの位置には菊の御紋《ごもん》が付けられる。なお、品川ナンバーは一般車と同じ形の同じ位置だ。

現在の皇ナンバーの御料車は、平成18（2006）年に購入されたトヨタの最高級車「センチュリー・ロイヤル」。これをベースに全長を885ミリメートル伸ばして3列シート化され、増設された1列は陪乗席《ばいじようせき》と呼ばれる。

全長は6155ミリ、全幅《ぜんぷく》2050ミリ、高さ1780ミリ、重さ2920キログラム。後部席に座る天皇・皇后両陛下の姿がよく見えるように後方の窓が拡大されていて、ガラスは強化防弾ガラスを採用。内装は天井に和紙、乗降ステップには御影石《みかげいし》などが使われ、乗降のしゃ

現在の皇ナンバーの御料車「センチュリー・ロイヤル」（写真：時事）

すさのために床面が低く設計されている。

座席は前席が革張りで、後部席は布。これは最高級リムジンの伝統様式にのっとったものだ。なお、このセンチュリー・ロイヤルという車種は皇室専用であり、一般には販売されておらず、価格は5250万円。いっぽう、品川ナンバーの御料車は、通常のトヨタ・センチュリーだ。ふだんの移動にはこちらが使用され、お値段は1960万円である。

皇室に最初の御料車が導入されたのは、大正元（1912）年。それ以前は馬車が使用されていた。初代の御料車として採用されたのは、イギリスで製造されたデイムラー社（ドイツのダイムラー社とは別）の「ランドレー57・2HP」だ。当時のイギリス王室で使われていた最新モデルの同型車で、ドアには菊の御紋が施され、昭和2（1927）年まで使用されていた。

2代目はロールス・ロイス社の「シルバーゴースト」。大正10（1921）年に2台導入され、昭和11（1936）年まで使用された。うち1台は、大正12（1923）年に起きた皇太子（のちの昭和天皇）暗殺未遂事件、いわゆる「虎ノ門事件」で襲われ、次期の御料車の選定のさいに、防弾性能を考慮するきっかけとなったといわれている。

●5代目からは外車でなく国産車に

3代目は昭和7（1932）年導入の、メルセデス・ベンツ「770グローサー」。戦後、昭和天皇の全国巡幸《じゅんこう》に使用されたのもこの御料車で、昭和38（1963）年までの長期にわたって使用された。

4代目は昭和26（1951）年導入のアメリカ製「キャデラック75リムジン」、5代目が初の国産車である「日産プリンスロイヤル」で、導入は昭和42（1967）年。平成20（2008）年まで使用され、昭和天皇の大喪《たいそう》の礼や上皇陛下の即位の礼にも使用されたので、記憶されている人もいるだろう。そして、6代目の御料車として採用されたのが、現行のセンチュリー・ロイヤルだ。

初代から3代目までは、使用時期が重なりながらも約10年ごとに更新。3代目から4代目は20年ほど空いているが、これは戦争の影響があったためと考えられる。4代目から5代目のあいだは16年。ただし、キャデラックからプリンスロイヤルのあいだに、正式採用ではない「ロールス・ロイス・シルバーレイス」と「ロールス・ロイス・ファントムV」が使用されていたとされるので、これを考慮すれば10年程度ととらえられる。

驚くべきは、5代目の日産プリンスロイヤルの「41年」だろう。性能が安定し、自動車の進化がゆるやかになったという部分はあるかもしれないが、この車種の耐久性がひじょうにすぐれていたから、ということも考えられる。

センチュリー・ロイヤルが導入されたさい、宮内庁は更新の理由として、車両本体の老朽化や部品補充が困難となってきたことなどを挙げている。じっさいにはその2年前、経年劣化《れっか》とともに部品の調達が困難になってきたという理由で、日産から宮内庁へ用途廃止の願い入れがあり、それを受けてトヨタがセンチュリー・ロイヤルの開発を始めたということのようだ。

では、現在のセンチュリー・ロイヤルはいつまで使用されるのか。けっして安くはない買い物なので、慎重に検討してもらいたいものである。

お召し列車の運行費用は誰が払っている?

●近場の移動に利用される「お召し列車」

天皇陛下・皇后陛下の外出である「行幸啓」は御料車だけで移動するわけではない。遠方になれば新幹線も使うし、航空機も利用する。航空機は海外であれば、政府専用機を使うが、国内の場合はJALやANAの小型機をチャーターする。

そして、比較的近場の移動に使われるのが「お召し列車」だ。天皇陛下と上皇陛下のおふたりと皇后陛下、上皇后陛下、皇太后《こうたいごう》、太《たい》皇太后が乗用するために運行される特別な列車のことで、それ以外の皇族方のために運行されるものは「御乗用《ごじょうよう》列車」と呼ばれる。

専用に製作された皇室用客車が使われる場合と、一般の特急列車などに特別なヘッドマークを付けて臨時列車とするパターンがあるが、通常運行している新幹線のうちの1両を借りきるときなどは、専用ではないのでお召し列車、御乗用列車とは呼ばない。

●平成になって、お召し列車の運行が減少したわけ

お召し列車は、もともと国鉄（現：JR）が貴賓車《きひんしゃ》として製造した車両などを皇室用客車として使用したもので、編成のうちじっさいに天皇・皇后両陛下が乗る車両を御料車とし、随伴《ずいはん》の供奉員《ぐぶいん》が乗車する車両は「供奉車《ぐぶしゃ》」という。

牽引《けんいん》する機関車は、その機関区にある車両のなかでもとくに状態のよい車両が選ばれ、運転される頻度《ひんど》の高い機関区では、お召し指定の機関車が定められていたと

いう。これらのことから、お召し列車として使用される客車は、あくまで鉄道会社のものであり、皇室が車体の費用を負担するなどということもない。

また、お召し列車の運行にあたっては、事前の準備や当日の運行においても細心《さいしん》の注意が払われ、運行する直前には回送列車を走らせ、線路上に問題がないことを確認するという。駅でもホームのゴミ箱を撤去《てっきょ》したり、コインロッカーの使用を停止したり、場合によってはホームへの立ち入りを禁止することもある。

このように、鉄道会社では多額の費用がかかるが、宮内庁に請求されるのは、当日の運行にかかった費用のみ。しかも、国鉄時代には無料とされていた。

お召し列車が運行されるさいには、ダイヤの変更などほかの鉄道利用者に負担をかけることがあり、それを気遣われた上皇陛下のご意向などを受けて、平成に入って以降、お召し列車が運行される機会は少なくなったといわれる。

そのぶん、一般に運行される列車の一部を借り切ったり、航空機を利用したりすることが多くなったようだ。その場合、天皇・皇后両陛下、上皇・上皇后両陛下の場合は1編成を借り切り、その他の皇族方はご本人が乗る1両と宮内庁職員の乗る前後1両ずつ、計3両のパターンが多いという。

皇居の「お手入れ」には、どれだけ費用がかかる？

●〝借家住まい〟の天皇ご一家

天皇陛下がお住まいになっている皇居は、明治時代に入るまで江戸城だった。通説では、西郷隆盛と勝海舟の直接会談で無血開城《むけつ》されたとする。新政府の手にわたった江戸城は皇居となり、その後、京都御所から明治天皇が入城した。

明治時代から戦前まで皇居は「御料《ごりよう》」と呼ばれる皇室財産のひとつだったので、所有権は天皇家にあった。管理するのは国だ。しかし、戦後になって皇室財産が国有化され、名称も「皇室用財産」に変わると、皇居も国の所有物となる。つまり、現在の天皇ご一家は〝借家住《しやくや》まい〟なのだ。大家は日本国政府。ただし、家賃は払っていない。

皇居の住所は東京都千代田区千代田1番1号。日本国内ならどこでも登録できる「本籍地」として人気が高い。広さは115万平方メートル。東京ドーム約25個分だ。皇居外苑も含めた総面積は約230万平方メートルとなる。

このなかに皇室行事や国事行為が行なわれる「宮殿」、天皇陛下のお住まいである「吹上御所《ふきあげ》」などがあり、宮内庁の庁舎や宮内庁病院、皇宮《こうぐう》警察本部も備えられている。

そんな皇居の価値は、土地だけで約3000億円、建物が約55億円。更地《さらち》にして売りに出せば、兆単位の買値がつくともいわれている。

この広大かつ高価格な物件の維持と管理は〝大家〟である国が行ない、費用は宮廷費から出される。令和2（2020）年度の歳出予算によれば、「宮殿等管理費」が10億6400万円、「皇室用財産修繕費」は15億5500万円、「皇居等施設整備費」は37億4800万円、合計63億6700万円が費《つい》やされていることになる。

ただ、皇居等施設整備費には皇位継承にともなう仙洞《せんとう》御所や秋篠宮《あきしののみや》邸などの改修費も含まれているので、皇居にかかる経費だけではない。予算のなかには、宮殿の照明をLEDに改修する費用も計上されている。1億7700万円だ。明らかな公共施設である宮殿はもちろん、天皇家に「貸して」いる御所の整備も国が行なう。

となれば、借家というよりも、〝官舎住まい〟と言い換えたほうがいいだろう。

しかも、この官舎は水道光熱費やNHK受信料も無料だ。

だからといって、東京都水道局や東京ガスなどが特別な配慮をしているわけではない。徴収《ちようしゆう》はきちんと行なわれていて、宮廷費から支払われている。

●公共料金の年間支払額はどれくらい？

公共料金の額を令和2年度の概算要求から見ると、いずれも年間で電気代が1億4900万2000円、水道代は9098万6000円、ガス代が3252万4000円。これらを12で割ると1か月あたりの電気代は1241万6833円、水道代は758万2167円、ガス代は271万3333円。ちなみにNHKの受信料は年間で204万1000円だ。

宮殿と御所が別々に光熱費を払っているわけではないので、すべてが天皇ご一家の生活にかかっているわけではない。そして、電気の供給は東京電力ではなく、入札で決められた新電力が担《にな》っている。節約に積極的な天皇陛下のご意向によるものなのか、宮内庁が決めたものなのかは不明だが、ちょっと驚きではある。

宮中晩餐会の規模は、賓客によって変わる？

●国によって差をつけない皇室の接遇

日本が招聘《しょうへい》する外国の要人のなかで、もっとも大切な公式訪問者とされるのが

「国賓」だ。新天皇陛下が迎える初めての国賓として、トランプ米大統領が来日したのは記憶に新しい。ついで中国の習近平《しゅうきんぺい》国家主席が予定されていたが、新型コロナウイルスの影響で延期されている。

　国賓の対象となるのは国王や大統領といった元首で、宮内庁によると「政府が儀礼を尽くして公式に接遇《せつぐう》し、皇室の接遇にあずかる外国元首やこれに準ずる者」を指すとしている。そして、誰を招聘するかは、閣議において決定される。

　元首以外の皇太子や首相、副大統領などは「公賓《こうひん》」となり、国賓との違いは公的な地位の違いのみ。このほかにも、国賓、公賓対象者ではあるものの、実務的用件での来日の場合には「公式実務訪問賓客《ひんきゃく》」とされ、それ以外の地位にある要人は「実務訪問賓客」、閣僚やEUなどの主要国際機関の長などは「外務省賓客」となる。

　これら賓客は「政府による接遇」、すなわち「おもてなし」を受けることになるが、政治色をともなうため、相手国によって差がある。令和元（２０１９）年に来日したトランプ大統領が安倍首相によって格別の接遇を受けたのは、そのためだ。

　しかし「皇室による接遇」は、天皇による「国事行為」ではなく、相手国との友好を増進して親善を深めることを目的とする「公的行為」なので、政治的な色は出さない。そのために、アメリカや中国、ロシア、ヨーロッパ諸国といった大国であろうと、アフリカや太平洋の島嶼《とうしょ》国であろうと、扱いに差はつけない。すべてが同じ待遇であり、これについてクレームをつけた国も、いまのところ存在しない。

また、国賓と公賓は地位の違いだけで区別されるので、接遇に大きな差はない。原則として迎賓館《げいひんかん》に宿泊し、歓迎式典も開かれ、儀仗隊《ぎじょうたい》の栄誉礼や国歌演奏なども行なわれる。異なるのは、国賓は歓迎行事を宮内庁が仕切り、皇居宮殿前で行なわれるのにたいして、公賓は外務省が仕切り、歓迎行事は迎賓館で行なわれる点だ。

●晩餐会の費用は誰が負担している?

両者とも天皇陛下と会見の場を設けられるが、国賓の場合は天皇・皇后両陛下が会見するのにたいし、公賓の場合、配偶者同伴のときのみ皇后陛下も同席するという違いがある。さらに、国賓には「宮中晩餐会《ばんさんかい》」が開かれるのにたいし、公賓は晩餐会ではなく「宮中午餐会《ごさんかい》」、つまり昼食会となる。

トランプ大統領の来日のさいの晩餐会メニューは次のとおりだ。

【料理】

・ニンジンやホウレンソウが入ったコンソメスープ

・ヒラメのムニエル

・牛ステーキ
・トマトやレタスが入ったサラダ
・富士山形アイスクリーム
・メロンなどの果物

【飲み物】
食前：ドライシェリー、トマトジュース、フレッシュオレンジジュース
卓上：日本酒、白・赤ワイン、シャンパン
食後：コーヒー、コニャック、リキュール、ウイスキー

通常、宗教的な制限のない羊肉が肉料理に選ばれるが、トランプ大統領の好みを反映してか、このときは牛肉が使われた。平等な扱いとはいえ、この程度の差はあるようだ。

出席者は165人。宮中晩餐会は国事行為ではなく公的行為のひとつなので、すべての費用は宮廷費から捻出《ねんしゅつ》される。その費用は材料費だけで約100万円といわれ、ここに人件費や飲料費を加えれば、それなりの額になるのは間違いないだろう。

国賓を招く場合、日本政府が負担する費用は1回で2500万円前後。ここには本人だけでなく、最大10人までと定められた随行者《ずいこうしゃ》の宿泊や移動、食事、警備の費用、3泊4日分が含まれる。

また、国賓を招くのは、1年に1人から2人程度。同じ国からは10年に1回ほどというのが慣例《かんれい》だ。ただ、同盟国であるアメリカ大統領は、昭和49（1974）年のフォード大統領以来、十分な日程を確保できなかった第43代ブッシュ（子）大統領を除けば、すべて国賓として来日している。米大統領の任期は4年2期までなので、8年に1回は迎えていることになる。

もし、トランプ大統領が2020年11

宮中晩餐会でトランプ米大統領と歓談される天皇陛下（写真:時事）

月に予定されている選挙に落選すれば、数年のうちにアメリカから国賓を招く可能性があるというわけだ。

園遊会の開催費用は、どれくらいかかっている？

●年間の費用はおよそ1000万円

天皇・皇后両陛下の主催で、毎年春と秋の2回、赤坂御苑で催《もよお》されるのが「園遊会」だ。なかなか一般に公開されることの少ない天皇陛下のお務めのなかで、園遊会は毎回、ニュースでもその一部が放映される貴重な機会だ。平成最後の園遊会は、2018年11月12日に開かれ、当時皇太子妃だった現在の皇后陛下が12年ぶりに、しかも最後まで出席されたことも大きな話題になった。

そもそも園遊会とは、明治13（1880）年に赤坂離宮《りきゅう》で観菊会《かんぎくかい》（翌年から春の観《かん》桜会《おうかい》）を催したのが始まりである。発案は井上馨《いのうえかおる》外務卿。イギリスの高位の令嬢が明治天皇に謁見《えっけん》し、社交界デビューする機会をつくるのが目的だった。つまり、もともとは外交官接待イベントのひとつだったのだ。イギリスを手本にしたガーデンパーティーの形式が取られているのもそのためだ。

昭和に入り、戦争で一度中断したが、昭和28（1953）年に「園遊会」の名称で復活。年に1回、秋だけの開催だったが、昭和40（1965）年からは春にも行なわれるようになった。しかし徐々に、当初の目的だった「外交」という面は薄れ、いまでは政治家やその年に活躍した著名人が招待されるようになっている。出席した顔ぶれで、その時代の日本を知ることができるというわけだ。

園遊会は「公的行為」にあたるので、費用はオフィシャルマネー。宮廷費内の「儀典関係費」から出される。宮中晩餐会や外国訪問などと同じ内訳《うちわけ》だ。

くわしい金額は発表されていないが、一説によると、食材費は招待客1人につき5000円程度。招待客は毎年2000人余りが選出されるので、春秋合わせて約1000万円となる。

●招待客リストは誰が作成している？

ただ、「天皇・皇后両陛下主催」とあるものの、おふたりが直接、人選までするわけではない。まず、中央の各省庁が約2500人分の推薦リストを作成。皇族方は当然リストに入っている。

また、各国の外交使節団の長以下の外交官、各国の領事館の長とその配偶者も招待される。割合的には、三権の長、首相、国会議員、地方議員など、政治関係者で約半分を占《し》めるようだ。そして産業・文化・芸術・社会事業などの分野で功労のあった人物を各省庁が推薦。くわえて、芸能界やスポーツ界などから、〝時の人〟も招待される。

推薦リストができたら各省庁が宮内庁に提出し、宮内庁のなかにある記者クラブ「宮内記者会」にも届けられる。そして宮内記者会は、とくにその年活躍した著名人約10名をピックアップ。懇談《こんだん》内容をメディアで報じるため、この人と天皇陛下が会話をするよう宮内庁にオファーする。そして、リストは宮中行事や式典をつかさどる式部職《しきぶしょく》から長官官房を経《へ》て侍従職を通し、やっと両陛下の手元に届くのだ。

天皇・皇后両陛下は招待客全員の名簿全部と、宮内記者会がチョイスした10人にかんしての略歴に目を通される。そして、お声をかけられる「特別誘導者」と呼ばれる人々を、最終決定する。

ただし、欠席の可能性も考慮に入れて、声がかかる本人に知らせるのは当日。受付で10名のリストのなかから5番目までの人に説明し、目立たないようにピンマイクを付けてもらい、メディアが取材待機する前の位置に誘導するという流れだ。

●お土産の「菊焼残月」は1個756円！

スケジュールを追っていくと、招待客は午後1時ごろから会場の赤坂御苑に入ることができる。ドレスコードは男性はモーニングコート・紋付羽織袴《もんつきはおりはかま》・制服または背広、女性はデイドレス・白襟《しろえり》紋付または訪問着等というゆるやかなものだ。

時間は3時間ほど。天皇陛下が特別誘導者にお言葉をかけてまわられるのは、1時間ほどである。食事は、赤坂御苑の池の周りの数か所に模擬店《もぎてん》のようなテントが張られ、そこで食べたいものを自由に取るスタイルである。腕を振るうのは、もちろん皇族方の料理を担う宮内庁大膳《だいぜん》課だ。

園遊会の定番のメニューは、オードブル、サンドイッチ、ちまき鮨《ずし》、海苔巻鮨、ジンギスカン、焼鳥など。とくに御料《ごりょう》牧場で育てられた羊の肉を使ったジンギスカンは名物として有名だ。牛肉や豚肉が並ばないのは、宗教上の理由から食べられない外国の招待客への国際儀礼にもとづいている。

これらに加えて、フルーツカクテル、洋菓子、クッキー、つまみ物が勢ぞろい。飲み物は、日本酒、ウイスキー、ビール、ポンチ、オレンジジュース、紅茶、日本茶、ウーロン茶と多種用意され、招待客がそれを手に取りながら歓談する。

帰りには、招待客全員にお土産「菊焼残月《きくやきざんげつ》」が渡される。これは「麻布菊園《あざぶきくぞの》」のもので、初代店主の宮島清光は宮内庁大膳職に勤め、退職後、麻布十番で和菓子屋を開業。皇室にゆかりのある和菓子の製造・販売をはじめたという所以《ゆえん》がある。ちなみに市販で購入すると、「菊焼残月」は1個756円。なかなかのお値段だ。

新たな天皇・皇后両陛下による令和初の園遊会は5月27日に予定されていたが、新型コロナウイルスの感染拡大を受けて中止。これまでにも、平成7（1995）年の春は「阪神・淡路大震災」で、平成12（2000）年秋は香淳《こうじゅん》皇后の崩御《ほうぎょ》、平成23（2011）年春は「東日本大震災」、平成28（2016）年秋は崇仁《たかひと》親王の薨《こう》去《きょ》によって中止となっている。

パーティーでお召しになるドレスの値段は？

●ご公務で着用される服は皇室の「活動費」扱い

世の女性の憧れを集める、ロイヤルファッション。ハレの日にまとうローブ・デコルテ（襟《えり》ぐりが大きく開いたロングドレス）やローブ・モンタント（肩も背中も露出していないロングドレス）は、ため息が出るほど美しい。園遊会や晩餐会など、正式式典でお召しになる服はすべてオートクチュールだ。

公務の内容に合わせて選ばれた上質なスーツなどは、高級百貨店でプレタポルテ（既製品）を求めることもある。こういった公的行事で着用される服は、皇室の「活動費」として認められているので、宮廷費から出されることになっている。

ついついお値段も気になるところではあるが、基本的に皇族方がお召しになるものについての価格は公表されない。理由は、いらぬ憶測《おくそく》を招かないようにという配慮からららしい。また、公式行事で着用されるものは、そもそも値段がつけられないということも理由のひとつだ。

諸外国の要人たちと交流される場で、TPOをわきまえ、派手すぎず、品よく、と高度なセンスが求められる皇室ファッション。皇族方が一堂に会する行事においては、皇后陛下がその内容や接遇の相手を考慮し、和装か洋装かを決められているという。

皇后陛下や上皇后陛下、皇嗣妃殿下らには、それぞれの好みを把握《はあく》しつくした専属デザイナーがついている。公務での衣装は季節ごとにプランを立て、予算や行事の目的、さらには訪問場所に合わせてデザイナーが制作する。色やデザインはもちろん、生地や縫製《ほうせい》など実用性を考え、服作りが進められていくのだ。

ちなみに、正式礼装のローブ・デコルテは上皇后陛下たっての希望で、伝統文化である佐賀錦の織物が取り入れられている。また、訪問先への敬意を表すため、その土地と縁のある花やモチーフを帽子やブローチにあしらわれるのも上皇后流だ。このように、女性皇族のご公務ファッションは、デザイナーの提案だけではなく、しっかりとご自身の希望やアイデアが入っているのである。

制作された洋服の着用は1回限りではない。アクセサリーを替えて着回したり、デザインを変えたりしているドレスも多い。ただし「お直し」にはこだわりがあり、上皇后陛下はウエストサイズの微調整も1ミリ単位でしているとのことだ。

そのセンスは海外からも高く評価されており、上皇后陛下は国際ベスト・ドレスド投票委員会の「国際ベストドレッサー賞」を3度も受賞されている。しかも3度目は、「インターナショナル・トレジャー（世界の服装界における国際的な宝）」という最高の敬意だった。

●「帽子」は必須のファッションアイテム

皇后陛下の公務ファッションは「質実剛健」で知られている。シンプルなデザインの洋服を何度も着回すのが特徴だ。

女性皇族のファッションにおける必須アイテムといえば「帽子」だろう。皇后陛下や上皇后陛下も上手に取り入れられている。海外での公務も多い女性皇族は、その国のマナーに合わせた服装をするが、ドレスコードのひとつとして、帽子が組みこまれていることが多いのだ。

また、皇族の方々はそのお立場から世界中の注目が集まり、外に出れば多くのカメラに囲まれる。顔に直接視線が集中するのを、少しでも逸《そ》らす意味もあるようだ。ただし、大きい帽子だと相手との距離ができてしまうし、表情が見えにくくなることもある。帽子が風で飛ばされそうになったとき、押さえることができない場合も多い。

そこで、皇族の方々の帽子は自然と小さくなっていったようだ。本来シンプルなデザインを好まれる皇后陛下が、帽子デザイナーの故平田暁夫《ひらたあきお》氏の提案で、顔だけに視線が集中しないよう、アクセントにリボンや花をつけるアイデアを取り入れられたというエピソードもある。

このように、日本の伝統や美しさ、そして実質的な使いやすさを考え抜かれてスタイリングされたロイヤルファッション。公費で美しいデザインをまとえるのはうらやましくもあるが、ご苦労も多いのだ。

▼財政状況は「小大名」なみ

現在は東京に在住している天皇と皇族だが、以前は京都で暮らしていた。現在の京都御所と京都御苑だ。明治時代に入って「江戸」を「東京」に改めて首都となったとき、天皇も東京の皇居に入った。ただ京都には、天皇は一時的に東京に出かけているもの、という意識を持っている人もいるといわれる。

ただ、武家政権だった江戸時代、天皇を中心とする朝廷は「禁中並公家諸法度《きんちゅうならびにくげしょはっと》」という法律によって政治的実権を奪われていただけでなく、財政面でも幕府による厳しいコントロールがなされていた。

初代将軍徳川家康が「禁裏御料《きんり》」と呼ばれる皇室領として、山城国（現・京都府）28か所の村を後陽成《ごようぜい》天皇に進献したのが1601年。「関ヶ原の合戦」の直後で、これは家康が天下を掌握《しょうあく》したことを朝廷に誇示《こじ》する狙いもあったとされている。

だが、その石高《こくだか》はわずか1万石あまりであり、その後、5代将軍綱吉の時代に加増されるも3万石程度。現在の価格に換算すると約12億円とされ、これが皇室財産の基盤となった。

だが3万石は小大名レベルといってよく、将軍家の直轄領《ちょっかつ》が約400万石であることを考えれば、その差は歴然としている。しかも禁裏御料は幕府の京都郡代《ぐんだい》（のちの代官）が担当しており、天皇の直接支配は認められていなかったのだ。

▼第一任務とされていた「神事」

では、幕府に支配された状況のなかで、天皇はどんな生活を送っていたのか。

「およそ禁中（朝廷）作法は、まず神事、他に他事」といわれ、神事こそ天皇が行なうべき第一の任務とされた。じっさい、天皇は朝起きて身支度を整えると、御所にある「清涼殿」の石灰壇《いしばいのだん》と呼ばれる場所に入り、伊勢神宮などがある方角を遥拝《ようはい》し、「天下泰平、海内静謐《せいひつ》、子孫繁栄」を祈る「御拝」の儀式を毎日行なっていたという。その後、朝食となるが、天皇の3食の献立は精進《しょうじん》の味噌汁などを含めた2汁4菜が定式であった。

また1687年、戦国時の混乱のため1466年から中断されていた「大《だい》嘗祭《じょうさい》」が東山《ひがしやま》天皇のときに復活。「新嘗祭《にいなめさい》」も再開され、皇室の重要神事も次つぎ執《と》り行なわれることとなる。そのため天皇も日々、古来の朝廷の法令や儀式など、いわゆる有職故実《ゆうそくこじつ》にかんする勉学に励んでいた。

いっぽう、現在では慣例《かんれい》行事となっている天皇の外出「行幸《ぎょうこう》」は、１６５１年の後光明《ごこうみょう》天皇の行幸を最後に途絶《とだ》えることとなった。これは、行幸先で大名から庶民まで大勢の見物人が天皇を崇拝《すうはい》する姿に、幕府が警戒したことが理由とされている。事実、行幸はそれから約２００年後の１８６３年、孝明《こうめい》天皇による賀茂《かも》神社の参詣《さんけい》まで実施されることはなかったのだ。

このように、御所から出ることもなく、きゅうくつな生活を送っていたように思える江戸期の天皇。与えられた3万石も、けっして地位に見合ったものとはいえない。

だが大名のように参勤交代もなく、御所の修繕費用なども幕府が負担していたため、生活にはある程度のゆとりがあったという意見もある。

いっぽう、天皇の臣下である公家の場合、様子が違ってくる。というのも、公家にも幕府から家禄《かろく》は与えられていたが、１０００石を超えていたのは、近《この》衛《え》家、九条《くじょう》家など公家のトップに立つ「摂家《せっけ》五家」ぐらい。大半の家は３００石にも満《み》たず、苦しい生活を強《し》いられていたのだ。

四章

アルバイトや著作の印税は個人の収入になる?

●宮家のプライベートマネー皇族費の使い道——

そもそも「皇族」とは、どんな方たちなのか？

●どこまでの範囲の方が「皇族」とされる？

メディアでは、たびたび皇族の方々の活動や女性皇族の方の結婚の話題が取り上げられるが、そもそも「皇族」とはどのような方のことを指すのだろう。また、一般的に皇族といえば「天皇家の一族」と説明されることが多いものの、どこまでの範囲で皇族と呼ぶのだろうか。

答えのカギは皇位継承のルールなどを定めた「皇室典範《てんぱん》」第5条にある。そこには「皇后、太皇太后《たいこうたいごう》、皇太后、親王、親王妃、内《ない》親王、王、王妃及び女王を皇族とする」と明確に示されているのだ。

天皇の后《きさき》である「皇后」以外は聞きなじみがない言葉なので、ひとつずつ説明していくと、まず「太皇太后」は天皇の祖母で、「皇太后」は天皇の母。「親王」は天皇と皇后のあいだに生まれた皇子と男性の皇孫《こうそん》で、誕生したのが女性であれば「内親王」と呼ばれる。

「親王妃」は親王の后、つまりは奥様で、「王」は天皇から3世以下、曽孫《ひまご》以下の男子であり、女性では「女王」。「王妃」は王の妻となる。

令和2（2020）年5月現在、太皇太后と皇太后、王、王妃は皇室になく、皇族の人数は合計で16名。原則として、天皇陛下と上皇陛下は別格の存在として皇族に含まれない。

そのため、皇室を指す場合、宮内庁や報道機関では「天皇陛下はじめ皇族方」といった表現が使われる。また美智子上皇后は今上《きんじょう》天皇の母なので、本来であれば「皇太后」と称されるところだが、皇太后には天皇と死別したというイメージが強いため「上皇后」の新称号が創設されることとなったのだ。

皇族は「内廷《ないてい》皇族」とそれ以外の「内廷外皇族」に分けられ、現在では皇后陛下、上皇后陛下、愛子内親王が内廷皇族に該当する。

いっぽうの内廷外皇族は「宮家《みやけ》」とも称されるが、この宮家は鎌倉時代にはじまり、江戸時代に確立した制度だ。

もともと宮家は、天皇家で皇統《こうとう》断絶の危機に備《そな》えて創設されたもので、これは徳川幕府の後嗣《こうし》が途絶えたときに、紀伊家・尾張家・水戸家の「御三家」からつぎの将軍を迎える制度をモデルにしたともいわれている。

宮家は男性皇族が独立・結婚したさいに新設され、一例を挙げると「秋篠宮《あきしののみや》家」

は平成2（1990）年6月29日に、現在の上皇陛下の第2男子である礼宮文仁《あやのみやふみひと》親王が成婚された同日に設けられた。

現在、天皇家を支える宮家は、秋篠宮家のほか上皇陛下の弟宮である正仁《まさひと》親王が創設した「常陸宮家《ひたちのみや》」、大正天皇の第4皇子崇仁《たかひと》親王（故人）の「三笠宮家《みかさのみや》」、その崇仁親王の第3皇子憲仁《のりひと》親王（故人）の「高円宮家《たかまどのみや》」の計4家がある。

宮家の創設者が亡くなった場合は、遺族が誰を次期当主にするかを選択し、宮内庁が皇室経済会議を開いたうえで正式に決定される。跡継《あとつ》ぎとなる男性皇族がいない場合は、慣例《かんれい》として妻が当主となり、三笠宮家の現当主は百合子《ゆりこ》妃、高円宮家も久子《ひさこ》妃が当主を務めている。

この宮家の名称は、あくまで天皇陛下から賜《たまわ》った「宮号」であって苗字《みょうじ》ではない。皇族と一般の国民にはさまざまな違いがあるが、姓が存在しないのもそのひとつだ。古来、姓は天皇から賜与《しよ》されるものであったため、与える側の天皇に姓は必要なく、その伝統が現在も受け継がれているのである。

なお宮号は親王個人の呼称《こしょう》であって、家族は含まれない。それゆえ秋篠宮家の眞子《まこ》内親王であれば「秋篠宮文仁親王殿下、第1女子の眞子さま」と呼ぶのが適切である。

皇室の構成

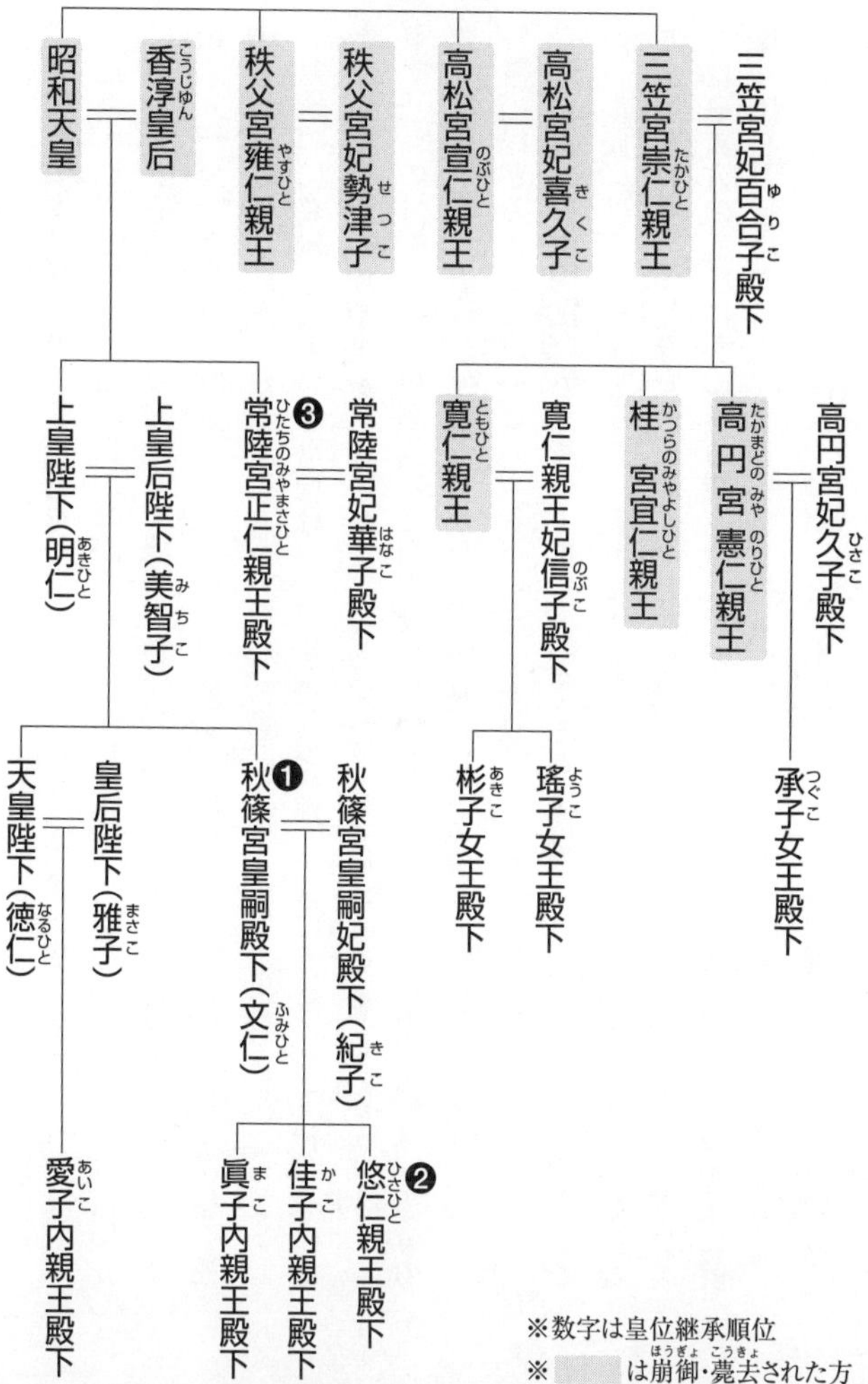

※数字は皇位継承順位
※ [網掛け] は崩御《ほうぎょ》・薨去《こうきょ》された方

●戸籍もなく、職業選択の自由もなし

通常、民間人には戸籍や住民票があるが、皇族はそれらを持っていない。代わりにあるのが「皇統譜《こうとうふ》」である。皇統譜は歴代天皇と皇后にかんする事柄《ことがら》が登録された「大統譜《だいとうふ》」と皇族の身分を記載した「皇族譜」があり、こちらに誕生や結婚、死去などの日時が記されることで「皇籍《こうせき》」を得る。

皇統譜に登録されている皇族は、「戸籍法」の適用を受けることもない。このことは皇族に選挙権や被選挙権が与えられないことを意味する。というのも、「公職選挙法」の付則《ふそく》では「戸籍法の適用を受けない者の選挙権及び被選挙権は、当分の間、停止する」とあるためだ。このように、参政権が大幅に制限されていることも、一般国民との大きな違いといえるだろう。

さらに、日本国民は憲法22条1項によって「職業選択の自由」が保証されているが、皇族にはこの権利もない。これは法律的な制約というより、皇族がさまざまなご公務や行事で多忙なため、ほかの仕事に就《つ》く時間がないことが理由だ。皇室典範では皇族方の就職にかんする規定はないが、警護の問題があるため、一般企業に就職されることはまずない。

認められるのは社団法人や財団法人、福祉法人などの公的機関に限られており、

たとえば、高円宮憲仁親王は外務省が所管する独立行政法人・国際交流基金で嘱託《しょくたく》として勤務され、また桂宮《かつらのみや》宜仁《よしひと》親王は昭和49（1974）年から10年ほどNHKに在籍されていた。ちなみに宜仁親王に支払われた給与は、手取りで11万数千円であったという。

皇族方に課せられている制限はまだある。一般人であれば自分の意思で退職や転職が可能だが、皇族は勝手に「皇籍を抜ける」ということができない。もっとも皇室典範の12条には「皇族女子が天皇および皇族以外の者と婚姻《こんいん》したときは皇族の身分を離れる」とあり、現時点の皇族で未婚の成人男子は存在しないため、女性が結婚する相手は必然的に一般人となる。そのため、かならず皇族の身分から離れることとなる。

また、結婚以外でも皇籍を離脱する方法はあり、皇室典範11条には「15歳以上の内親王、王および女王は、その意思にもとづいて皇室の身分を離れることができる」と定められている。さらに同条第2項では「皇太子および皇太孫《こうたいそん》をのぞく親王、内親王、王および女王は、やむを得ない特別の事由があるとき、皇族の身分を離れる」としている。

昭和57（1982）年に〝ヒゲの殿下〟の愛称で知られた三笠宮寛仁《ともひと》親王が突然、

「皇籍離脱宣言」を表明されて世間を騒がせたが、当時の宮内庁長官が懸命に説得にあたり、結果、親王も決意を断念された。なお、寛仁親王が皇籍離脱を希望されたのは「社会福祉活動に専念したい」という理由であったとされる。とくに男性皇族は「皇統の補完」という重要な役割を義務付けられているため、皇籍離脱は相当ハードルの高い行為だといえるだろう。

婚姻も男性皇族にかんしては皇室会議で認められなければ、いくら意中の相手がいても結婚することはできず、さらに皇族は養子を迎えることも禁じられ、「居住・移転・外国移住および国籍離脱の自由」もない。

皇族の方といえば、どこか優雅な暮らしをされているイメージを国民は持ちがちだが、じっさいは民間人よりはるかに厳しい制約の下で生活されているのである。

「皇族費」がもらえなくなる場合とは

●皇族から離れた方には支払われない

皇室費は天皇ご一家の生活を支えるだけでなく、宮家皇族の生活も支えている。

現在、内廷以外の「宮家皇族」は13方。その全員に支払われるのが「皇族費」だ。

ただし、皇族といえども、生涯にわたってその身分にあるわけではない。戸籍の代わりとなる「皇統譜」に登録されるが、皇族が一般人と結婚する、もしくはやむをえない特別な事由の場合は、皇籍から抜けて戸籍を取得する。これが、古い言葉の「臣籍降下《しんせきこうか》」、いまでいう「皇籍離脱」だ。

皇籍から離脱して一般国民となれば、当然、皇族費は支給されなくなる。近年でいえば、平成17（2005）年に天皇陛下の妹である紀宮清子《のりのみやさやこ》元内親王（黒田清子さん）が結婚によって皇籍を離れ、平成26（2014）年には高円宮家の2女、典子《のりこ》元女王（千家典子さん）が、平成30（2018）年には同じく高円宮家の3女絢子《あやこ》元女王（守谷絢子さん）が婚姻により皇族の身分を離れている。

現在、皇族の女性で未婚なのは愛子《あいこ》内親王、秋篠宮家の眞子内親王、佳子《かこ》内親王、三笠宮家の彬子《あきこ》女王、瑶子《ようこ》女王、高円宮家の承子《つぐこ》女王の6人。それぞれが成人され、眞子内親王の婚姻話が世間をにぎわせているのは、ご存じのとおりである。

●秋篠宮家の年間収入は1億2800万円

では、皇族費はいったい、ひとりにつき、いくら支払われているのだろうか。

皇族費は年間で使い切れなくても返す必要がないので、貯蓄や資産の運用にまわすこともあるようだ。ただ、内廷費と異なり皇族費は宮家皇族の一人ひとりに支給されるものの、金額は立場によって細かく設定されており、全員が満額を受け取るわけではない。

独立の生計を営む宮家皇族の当主（親王）は満額を受け取り、つづいて妃（親王妃）は定額の約2分の1、独立していない成年の親王・内親王が約10分の3、未成年は約10分の1という内訳となる。

秋篠宮家でいうと、当主である文仁親王は満額の３０５０万円。だが皇嗣《こうし》となられ、前皇太子である現在の天皇陛下が行なっていた大きな公務のうちのいくつかを受け継ぐため、負担が大きくなったことから特例法によって3倍に増額されている。

そして、皇嗣妃殿下となった紀子妃が半額、眞子内親王、佳子内親王は10分の3、悠仁《ひさひと》親王が10分の1となる。総額で1億２８１０万円だ。もし、眞子内親王が結婚されると、秋篠宮家の収入は1億１８９５万円となり、佳子内親王も結婚されれば1億９８０万円となる。また、悠仁親王が成人されると、10分の1から10分の3になるので、現在の３０５万円から９１５万円に増額される。

そのほかの宮家は、常陸宮家が４５７５万円、三笠宮家が５８５６万円、高円宮

皇族費の各宮家別内訳(令和2年度)

〔単位:千円〕

<table>
<tr><th rowspan="2">区分</th><th>独立の生計を営む親王及び親王妃</th><th>独立の生計を営む親王の后</th><th>独立の生計を営まない親王及び内親王(成年)</th><th>独立の生計を営まない親王及び内親王(未成年)</th><th>独立の生計を営まない王及び女王(成年)</th><th rowspan="3" colspan="2">計</th></tr>
<tr><td>定額</td><td>定額×1/2</td><td>定額×3/10</td><td>定額×1/10</td><td>定額×3/10×7/10</td></tr>
<tr><td>お一方当たり年額</td><td>30,500</td><td>15,250</td><td>9,150</td><td>3,050</td><td>6,405</td></tr>
<tr><td>秋篠宮家</td><td>91,500(※)</td><td>15,250</td><td>(お二方)18,300</td><td>3,050</td><td>—</td><td colspan="2">128,100</td></tr>
<tr><td>常陸宮家</td><td>30,500</td><td>15,250</td><td>—</td><td>—</td><td>—</td><td colspan="2">45,750</td></tr>
<tr><td rowspan="2">三笠宮家</td><td>30,500</td><td>—</td><td>—</td><td>—</td><td>—</td><td>30,500</td><td rowspan="2">58,560</td></tr>
<tr><td>—</td><td>15,250</td><td>—</td><td>—</td><td>(お二方)12,810</td><td>28,060</td></tr>
<tr><td>高円宮家</td><td>30,500</td><td>—</td><td>—</td><td>—</td><td>6,405</td><td colspan="2">36,905</td></tr>
<tr><td>合計</td><td>183,000</td><td>45,750</td><td>18,300</td><td>3,050</td><td>19,215</td><td colspan="2">269,315</td></tr>
</table>

※秋篠宮皇嗣殿下の皇族費については30,500×3＝91,500

＊宮内庁ホームページより

家が3690万5000円。これは、宮家の当主が亡くなり、皇族経済会議で親王妃が当主と認められれば満額支給となるからだ。

現在の三笠宮家と高円宮家が、これにあたる。さらに独立していない成人の王もしくは女王には、定額の10分の3に0・7をかけた額が支払われる。彬子女王、瑶子女王、承子女王に支給されるのは、この基準にしたがった640万5000円だ。

いっぽう、内廷費は天皇ご一家が何人であろうと額は同じだ。現在は5人だが、昭和天皇のときは、皇后、皇太子、皇太子妃、親王2人、内親王1人の7人だった。

内廷費にあって、皇族費にない費用とは

●私的な生活費はすべて「皇族費」

「内廷費」は内廷にある皇族に支払われる生活費で、皇族費は宮家皇族に支給されるポケットマネーだ。

つまり、金額の差はあるものの内容は同じ——そう思ってしまうのも無理はない。しかし、じつは細かい点で異なるところがある。

内廷費も皇族費も、明細を提出せず自由に使えるという点では同じだ。しかし、内廷費は公費である「宮廷費」と密接な関係にあり、かたや皇族費は宮廷費とのつながりが弱い。そのため、内廷皇族と宮家皇族では、立場によって経済の状況が大きく違ってくる。

例を挙げれば、愛子内親王と高円宮家の承子女王はおふたりとも皇族だが、愛子内親王の水道光熱費などを含む生活費全般は宮廷費から支払われる。しかし、宮家の住居は公邸部分と私邸部分が区別され、私邸部分の維持管理費は皇族費から支払う。メーターが別にあるわけではなく、面積割りで算出されるらしい。そのため、承子女王のプライベートな生活費は皇族費から負担している。

また、天皇陛下の旅行（行幸《ぎょうこう》）に同行されるとき、それが公的行為なら愛子内親王の旅費は宮廷費でまかなわれるが、承子女王は皇族費で払うか、招待者が負担することもあるという。

さらに、皇族男子が海外で大学に入るときなどは宮廷費が使われるのにたいして、女子皇族は皇族費となるならわしがある。これは、男子皇族であれば、将来、皇位を継ぐ可能性があるので、かつては帝王学など特別な教育がなされていた、という伝統を守っているためだと思われる。

●皇族費は「生活の補助」という位置づけだが…

さらに、内廷費は皇室経済法に「日常の費用その他内廷諸費に充《あ》てる」と明記されているが、皇族費は「皇族の品位を保つため」としか記されていない。つまり、皇族費は生活の補助としての位置づけになり、ほかに収入源があると見こまれているのだ。

ただ、収入といっても、証券の配当や貯金の利子のほか、書籍の印税や講演会の講演料などに限られている。宮家は天皇家のように大きな公務を数多くこなしているわけではないが、基本的に皇族としての活動が中心となり、皇族費が収入のほとんどを占《し》める。したがって、一般人が感じるよりも経済面では厳しいことが推測できる。

とはいえ、宮家で最低支給額の高円宮家でも3700万円近い額が支払われている。高円宮家は久子親王妃と承子女王のおふたりなので、十分と考える向きもあるかもしれない。しかし、実情は異なるようだ。

現在、常陸宮邸以外の宮邸は赤坂御用地に所在している。赤坂御用地は皇室用財産なので、管理と維持には宮廷費が使われる。また、宮邸も国が提供しているので、宮家が地代や家賃、固定資産税を支払う必要はない。

ただ、先に記したように私邸部分の管理維持費は宮家の負担であり、運転手や料理人といった私的な使用人の給料も皇族費から支払われている。じつは、この人件費の割合が意外なほど高いのだ。

昭和59（1984）年の参院委員会における当時の宮内庁皇室経済主管の答弁では、宮家の生活費である物件費が48パーセントなのにたいし、人件費が52パーセントであると明らかにした。これを高円宮家で試算すれば、物件費が約1800万円で人件費が1900万円となる。それぞれの宮家によって事情は異なるので、一概《いちがい》に負担が大きすぎるというものでもないだろうが、潤沢《じゅんたく》といえないのはたしかなようである。

しかし、天皇家は私有財産の保有を禁じられているが、宮家の皇族は別だ。それは憲法88条にある「すべての皇室財産は国に属する」という規定の「皇室」に宮家皇族は含まれないという政府解釈によるものだ。

じっさい、かつて存在した高松宮《たかまつのみや》家は昭和62（1987）年まで東京都港区高輪《たかなわ》に約9900平方メートルの私有地と神奈川県の葉山に別邸とともに1万5500平方メートルの土地を所有していたし、秩父宮《ちちぶのみや》家も静岡県御殿場《ごてんば》市に約5万7000平方メートルの別邸を持っていた。

しかし、現存する宮家は大きな私有地を所有していないので、不動産収入に頼ることはできない。会社を起こすことも不可能ではないが、現状はそのような動きもない。

宮家といえばかつての貴族を思い浮かべがちで、さぞかし優雅な生活を送っておられるのではというイメージを持ちがちだが、現実は大きく異なるようだ。

アルバイトや著作の印税は個人の収入になる？

●アルバイトによる副収入は認められている

内廷皇族は、「皇族は商工業を営《いとな》み、または営利を目的とする社団の社員もしくは役員となることができない（ただし株主となることはできる）」「任官による場合を除くほか、報酬を受ける職に就くことができない」と皇族身位令によって定められている。

つまり、自身のおこづかいを増やすために、民間が運営する職場で自由に副業を持つということは無理だろう。皇族の方々のほとんどは団体の総裁職に就き、活動されているが、こちらも当然「無償」である。

アルバイトについては、禁止するような規定はない。今上天皇も皇太子時代、学習院大学法学部の試験監督のアルバイトを経験済み。4200円の日当を受け取られたというエピソードがある。近年では秋篠宮家の眞子内親王が、大学内で募集していたプールの監視員のアルバイトに応募され、じっさいに働いたという。時給は800円から900円ほどだったらしい。

それでも、働く環境は限られる。眞子内親王のプールのアルバイトも、監視をしている内親王の後ろに警護員がいた。プール側にとっても二重に安心だっただろうが、なかなか不思議な光景だったに違いない。

ただし、このプール監視員がギリギリの範囲だったことは容易に想像できる。オシャレな制服のカフェでの接客などは、人の出入りが激しすぎるため警備上の問題があり、絶対に無理だろう。皇族の方々のアルバイトは、あくまでも社会勉強が目的なのだ。

そうはいっても、皇族方の収入が内廷費や皇族費以外何もないわけではない。副収入として大きなものには著作の「印税」がある。

著作を出版している皇族の方は多く、有名なのは上皇后陛下が平成3（1991）

年に至光社から出した絵本『はじめてのやまのぼり』。これは上皇后陛下が文章をお書きになり、英語、ポルトガル語、ハンガリー語、チェコ語、アラビア語に翻訳されている。

この『はじめてのやまのぼり』は発行から1年弱で約9万部を売り上げた。価格は1210円、印税率が10パーセントとして9万部なら収入は1089万円。著者名が「文・美智子／絵・武田和子」となっているので、折半《せっぱん》しても544万5000円となる。

ただ、上皇后陛下は印税の一部を「国際児童図書評議会」に寄付されている。このように、皇族の方々の著書は、基本的に印税収入の一部、または全額を寄付することがほとんどなので、副収入とはいえ手元に残る額は少ないと思われる。

●内廷皇族より制約が少ない宮家の就職

就職の面で見ると、宮家の場合は内廷皇族よりも制約が少ない。条件を満《み》たした環境なら働くことも可能だ。印税収入以外では、各種団体の役員などとして収入を得ている皇族方も多い。NHKの嘱託を務められた桂宮宜仁親王、国際交流基金の嘱託であられた高円宮憲仁親王はその例である。

宮家皇族の就職について、現行の法上では国民と明確に区別する規定はほとんどない。しかし、一般人と同じ雇用条件で民間企業に入るというのは難しいだろう。皇族の方はそれぞれご公務があるので、会社を休まなければならないときも多く、「毎日、就業時間びっしり勤務」というのは無理なのだ。

そこで、財団法人、社団法人といった公的機関、大学などの非常勤講師、研究所の嘱託職員が多くなる。

東京大学の研究生として古代オリエント史を専攻された三笠宮崇仁親王は、昭和30（1955）年に東京女子大学講師に就任したほか、青山学院大学、専修大学、天理大学、拓殖大学で教鞭《きょうべん》を取っている。

例外中の例外で、皇族のなかでも一般職員と同じ環境で勤務したことで有名なのは、三笠宮の三男、高円宮憲仁親王だ。国際交流基金の嘱託職員として勤務され、「特別扱いはしないでほしい」という強い希望で、職員と机を並べ、ワープロで文書をつくり、電話が鳴れば受けた。

ときには仕事のクレーム電話もあり、「高円でございます」と応《こた》えても、一発で信用されることがなく、つらつらとつづくクレームにご対応されたエピソードは有名だ。

●民間企業に就職された内親王

女性皇族は結婚後に一般人となるので、さまざまな名誉総裁や副総裁の役目と並行して、キャリアを積む人も増えている。

その先陣を切ったのが、上皇陛下の長女・黒田清子さんである。清子さんは学習院大学を卒業後、結婚するまで千葉県我孫子《あびこ》市の山階《やましな》鳥類研究所の非常勤職員として13年間勤めていた。これは「歴史上、働いて給与を得た初めての内親王」として話題にもなった。

昭和天皇と香淳《こうじゅん》皇后の第5皇女子である島津貴子《しまづたかこ》さんは、皇族出身者として初の民間企業への就職を果たしている。

結婚後に大学を中退し、その後、イン

山階鳥類研究所で資料を見られる紀宮さま（現：黒田清子さん）（写真：時事）

テリアコーディネーターの資格を取得。31歳のときに高級輸入家具や服飾を扱う、東京プリンスホテル内のショッピングモール「ピサ」に就職した。ただ、宮内庁宮務課はこのとき「私企業だと好ましくない」と表明している。

このように、皇族は「自由に」とはいかないまでも、得意分野を活《い》かした場所で就職することは可能だ。皇后陛下も独身時代はバリバリのキャリアウーマン。男子皇族ははばかっても、大学で学んだ知識を活用して企業で活躍する女性皇族が出てきてもおかしくはない。

皇籍離脱時に支払われる「一時金」とは

●女王に支払われる一時金は1億6675万円

女性皇族の場合、結婚の費用は内廷費で、相手方と折半《せっぱん》。男性皇族の場合は公費である宮廷費。いまのところ、このルールは覆《くつがえ》りそうにない。したがって、眞子内親王がこのまま結婚されれば、費用は皇族費から出すことになり、小室家と折半となる。

ただし、男子皇族が独立して宮家を立てるさいや、女性皇族が婚姻で皇籍を離脱するとき、ある程度の金額が皇族費として定額以外に支払われる。それが「一時金」だ。女性皇族の結婚ではかならずといっていいほどニュースで取りあげられ、毎回論争の的《まと》になっている。

国民の税金でまかなわれ、しかも額がサラリーマンの生涯年収の半分近くにもなる大金なので、「一時金はどうやって算定しているの?」「じっさいに何に使うお金なの?」「一般人になる人にたいしてこんな制度いるの?」などなど、さまざまな疑問がわいてくるのも当然といえる。

一時金は、皇室経済法に「皇族であつた者としての品位保持の資に充てるため」とだけ記されており、用途に明確な規定はない。また、皇族費から支出されるものになるので、所得税法により課税が免除となる。しかも支払いは早い。結婚後数日間のうち、本人の銀行口座に振りこまれるのだ。

一時金の金額は皇室経済会議で決定される。流れも、宮内庁側から一時金の金額を提案し、賛同するものは起立する、という至ってシンプルなもの。議論されることはほとんどなく、平成26(2014)年に結婚された高円宮家の2女、千家典子さんの一時金の会議も10分ほどで終わったという。

金額は皇室経済法施行法で規定されている皇族費の定額、３０５０万円から内親王の場合は「定額×０・５×10」、女王の場合は「定額×０・７×０・５×10」を限度とする額が基準となるが、この額はあくまでも基準である。

これまでの例を挙げると、平成17年に結婚された黒田清子さんには1億５２５０万円、千家典子さんと平成30年に結婚された守谷絢子さんには、1億６７５万円の一時金が支払われている。

ただし、男性皇族が独立するときは、皇室経済法に「独立の生計を営む皇族について算出する年額の二倍に相当する額の金額とする」とあるため、６１００万円。文仁親王が秋篠宮家を立てた平成２（１９９０）年の定額は２７１０万円だったので、５４２０万円しか受け取っていない。

海外のケースを見てみると、２０２０年、英王室から離脱したチャールズ皇太子の次男ヘンリー王子とメーガン妃は、イギリスとカナダを往復する生活を開始。税金を原資とする王室費は今後支給されないが、王位継承権とサセックス公爵の称号はそのまま。さらには、領地の地代など年額約3億円入るという。これなら王室費も必要なかろう。

●「使途は自由」となってはいるが…

皇族を離れるさいの一時金は、なぜこんな高額となるのか。これだけの額を一度に振りこまれ、しかも「皇族の品位を保つためにならば使途は問わない」とされているなら、かなり贅沢《ぜいたく》だし、自由度も高いと想像してしまう。

しかし、結婚して一般人になったとはいえ「元皇族」の仕事や交流は継続する。そんな立場を考えると、現実はそう甘くはないようだ。「皇族としての品位を落とさないため」というのは、ある意味強烈な念押しであり、言い換えれば「何があっても、皇族としての品位を絶対〝落とせない〟」のである。

まず、立場上セキュリティにお金がかかる。国民に一時金の金額が公表されている時点で、かなり危険な身の上といえる。

皇族なら皇宮《こうぐう》護衛官が、都内ならば警視庁の所轄《しょかつ》署、他の道府県でも所轄の警察官が警護するが、民間人になると政府の護衛はつけられないので、私費で警備を頼むことになる。

これは住居においても同じこと。セキュリティがしっかりしたところを選ぶ必要がある。いくら家賃を安く抑えようと思っても、低家賃のアパートやワンルームマンションを借りるわけにはいかないのだ。さらには、元皇族どうしの交際費もかかり、その諸費用も「品位を落とせない」。

生活そのものに、自分の贅沢気分を満たすのとは別に、仕方なくお金が多めにかかる元皇族の方々。少し足りなくなったから実家に甘えるという、「親からの仕送り頼み作戦」も不可能である。一度結婚して皇族を離脱したら、皇室財産の移動を制限する規定があるためだ。

これまで、民間人になったあとに働いている元女性皇族の方も多いが、1億円オーバーという金額が、意外に「とんでもない贅沢」ができる金額でないのはたしかなようである。

元皇族の女性が離婚したらどうなる？

●そもそも、離婚することは可能？

日本の皇室では、いまのところ離婚の前例がない。大正13（1924）年の久邇《くにの》宮《みや》朝《あさ》融《あきら》王《おう》による「婚約破棄」はあったが、結婚したのちに別れたカップルはまだひと組もない。そもそも、日本の皇室は、離婚が認められるのだろうか。

結論からいえば、天皇陛下と皇后陛下以外なら離婚は「できる」ようだ。

皇室典範の14条第3項には「第一項の者は、離婚したときは、皇族の身分を離れる」と記されている。ここに書かれている「第一項の者」とは、皇族以外の女子で親王妃または王妃となった者をいう。

離婚したさいの項目があるということは、見方を変えれば「離婚ができる」ということなのだ。しかも、皇族男子の婚姻については皇室会議が必要となるが、離婚については会議を開くという規定がない。したがって、一応は本人たちの自由なのである。

●たとえ離婚しても、実家には戻れない

結婚して皇室を出る女性皇族は、夫を筆頭者とする戸籍をつくり、そこに登録される。これを「臣籍降嫁《しんせきこうか》」といい、この時点で皇室を離脱することとなる。つまり、離婚も一般の私たちと同じ法律の下で行なうことが可能なのだ。慰謝料についても同様である。

しかし、こちらも別れたあとに大きなハードルが立ちはだかる。なぜなら、離婚しても皇族に戻ることはできないからだ。

たとえば離婚後、しばらく実家に戻り、今後のことをゆっくり考えつつ傷が癒《い》えるのを待つ……という、いわゆる「出戻り」は不可能。なぜなら、皇居や赤坂御用地内は、皇室用財産として管理されているので、結婚した時点で「一般人」になった元皇族女性たちは一生、そこに住む権利がなくなってしまうのである。

また、皇族はもともと戸籍を持たない。離婚したら元配偶者の戸籍から抜けることになるが、皇族にも戻れないので、新しく戸籍をつくることになる。しかしそのさい、もともと苗字がないため「旧姓に戻る」ということもできない。結局、離婚前の姓を名乗りつづけることになるのだという。

日本にくらべて、英国の王室はなかなか自由で、しかも慌《あわ》ただしい。1996年のチャールズ皇太子とダイアナ妃の離婚のさいは、チャールズ皇太子がダイアナに推定1700万ポンド（約29億円）の慰謝料を一括で支払うなどの離婚条件も大きな話題になった。

離婚が容易ではないのは、民間人も皇族も共通なのである。

▼明治維新で一変した「皇室財産」の扱い

戦国時代から江戸時代まで、「権威はあれどもお金がない」状態だった天皇家と朝廷、そして公家たち。そんな状況を一変させたのが明治維新だ。

1868年にはじまった戊辰《ぼしん》戦争で、新政府と朝廷は幕府や佐幕《さばく》派の諸藩から領地を没収し、皇室の領地である「禁裏《きんり》御料」に加えた。その石高は約150万石。これまでの約50倍である。

やがて明治新政府は禁裏御料を国有財産とし、国の財政基盤とする。さらに1889年に公布された「大日本帝国憲法」(明治憲法)では、天皇の私有財産が認められ、「御料」と呼ばれるようになる。この御料には国の財産が多く転換され、日本銀行や横浜正金銀行、また日本郵船などの政府が保有していた株が、次つぎと献上されていった。

このようなかたちで、国家財産が御料や皇室財産となされた原因は、国会の承認から逃れる目的があった。国家予算は現在と同じく、議会の承認を必要とした。それは国家財産の運営も同じだ。しかし、御料は皇室典範《てんぱん》を根拠とする

「皇室令」の「皇室財産令」によって規定されているので、憲法の範囲外であり議会も関与できない。すなわち御料の運用は、皇族や、それを直接支える機関もしくは重臣《じゅうしん》によってのみ可能となるのだ。

そんな理由によって御料は増えつづけ、その規模は「世界有数の財閥」とまで呼ばれるほどふくれ上がった。土地は日本の面積の約3パーセント以上、有価証券は3億3000万あまりを有したという。

1945年に宮内省（現：宮内庁）が連合国軍総司令部（GHQ）に申告した皇室財産は約15億9000万円。さらに算出された額は約37億1000万円となり、これは現在の額で数兆円を超えるとされる。ちなみに、三井、住友、三菱、安田などの大財閥でも、資産は3億円から5億円程度だった。

▼時代に翻弄されつづけてきた天皇家

そんな御料や皇室財産は、GHQによる財閥解体で凍結される。さらに、日本国憲法88条によって「すべて皇室財産は、国に属する」と定められ、すべての財産は国に帰属《きぞく》し、予算や授受も国会の議決が必要となった。

だが、皇室経済法2条では、通常の私的経済行為、外交交際の贈答などには国会の個別の議決は必要ないとされ、1年度の総額が限度額内に納まる場合は、個別の議決は行なわれていない。

天皇家は、時代に翻弄《ほんろう》されつづけた王家ともいえる。4世紀から6世紀の伝説の時代はさておき、史実が確実とされる7世紀以降は、何度も天皇親政を目指しつつも有力豪族や貴族に実権を奪われ、12世紀の後半になれば貴族に代わって武家が台頭する。朝廷の権威をなんとか維持するが、それでも復権はかなわず、江戸時代には儀式や文化の継承と、それらを維持する勉強だけをしていればいい、とさえ示されてしまう。

明治時代になって「王政復古」が実現し、一気に天皇の権威は上がるが、それでも新政府や軍に利用されたにすぎない。つまり天皇は、君臨《くんりん》すれどもほとんど政治の中心とはならず、もちろん独裁することもなかった、世界の王族を見渡しても珍しい存在なのだ。この間、天皇家の財政状況も紆余《うよ》曲折《きよくせつ》をたどったのは、これまで説明してきたとおりだ。

終戦後、日本国憲法のもと天皇は「国民の総意に基づく象徴」と位置付けられる。私有財産は認められず、税金から拠出《きよしゆつ》される皇室費での生活。それで満足されているのかどうかは、知るよしもない。

五章
「オモテ」と「オク」の線引きはどこでされる？

●宮内庁費と宮内庁という組織を知る――

宮内庁とは、どんな組織なのか？

●宮内庁は、どのような役目を担っているか？

宮内庁については、ベールに包まれた謎の部分が多い。たとえば、文部科学省や外務省、財務省などは何をしているか少しは想像がつくだろうが、宮内庁にあっては部署の名前を聞いても、具体的にどんな仕事をしているのかさっぱり想像がつかない。皇族方に近い存在であることくらいの認識だ。

宮内庁のホームページによれば、「内閣総理大臣の管理の下にあって、皇室関係の国家事務を担《にな》い、御璽《ぎょじ》・国璽《こくじ》を保管しています」と説明がなされている。

「御璽」とは、ひらたくいえば天皇陛下の印鑑である。これは国事には欠かせない大事なもの。天皇陛下の意思表示がなされている公文書のほか、海外から来る大使や公使の信任状や法律、法令にかかわる国家の同意を示す文書（批准書《ひじゅんしょ》）などに捺印《なついん》する印鑑なのだ。

「国璽」は、明治時代には委任や信任の文書の捺印に使用されていたが、現在は法律上、文化勲章などの受賞者に渡される証書（勲記《くんき》）のみで用いられている。いずれも金でできており、「国璽」は、筋彫《すじぼ》りで「大日本国璽」の文字、「御璽」は「天皇御璽」の文字がある。

三種の神器と同じ扱いで、「御璽」「国璽」ともに由緒《ゆいしょ》あるものとして、皇位継承のさいに歴代の天皇に引き継がれている。上皇陛下の即位《そくい》礼正殿《れいせいでん》の儀では、三種の神器とともに小卓《しょうたく》に並べられた。ふだんは、宮内庁の内部部局である侍従《じじゅう》職《しょく》に保管されている。

組織としての宮内庁は、特別職70名、一般職1003名の体制だ。宮内庁長官をトップとして宮内庁次長の下に、内部部局である長官官房、侍従職、上皇職、皇嗣《こうし》職《しょく》、式部《しきぶ》職《しょく》、書陵《しょりょう》部、管理部があり、さらに地方支分部局として京都事務所が設けられている。ほかに施設などの機関として、御料《ごりょう》牧場や奈良の東大寺にある正《しょう》倉院《そういん》事務所などがある。

宮内庁の主だった業務は国家事務で、天皇・皇后両陛下、皇族方の宮中における行事を執《と》り行なっている。国内の行幸啓《ぎょうこうけい》、国外の外遊など親善活動をサポートし、皇室の文化を守り、皇居や御所などの管理も行なう。

また、内廷《ないてい》費や皇族費などの「皇室費」、儀式や皇室の活動、皇居や御用邸、陵《りょう》墓《ぼ》ほかの整備に使われる経費である「宮廷費」などの予算も預かっている。

- 秘書課
  - 調査企画室
- 総務課
  - 報道室
- 宮務課
- 主計課
- 用度課
- 宮内庁病院

- 図書課
  - 宮内公文書館
  - 図書寮文庫
- 編修課
- 陵墓課
- 陵墓監区事務所（5か所）

- 管理課
- 工務課
- 庭園課
- 大膳課
- 車馬課
- 宮殿管理官
- 御用邸管理事務所（3か所）
- 皇居東御苑管理事務所

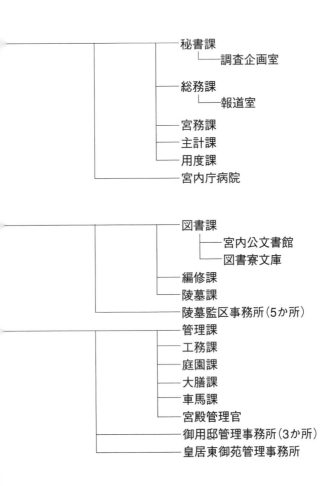

宮内庁の組織図

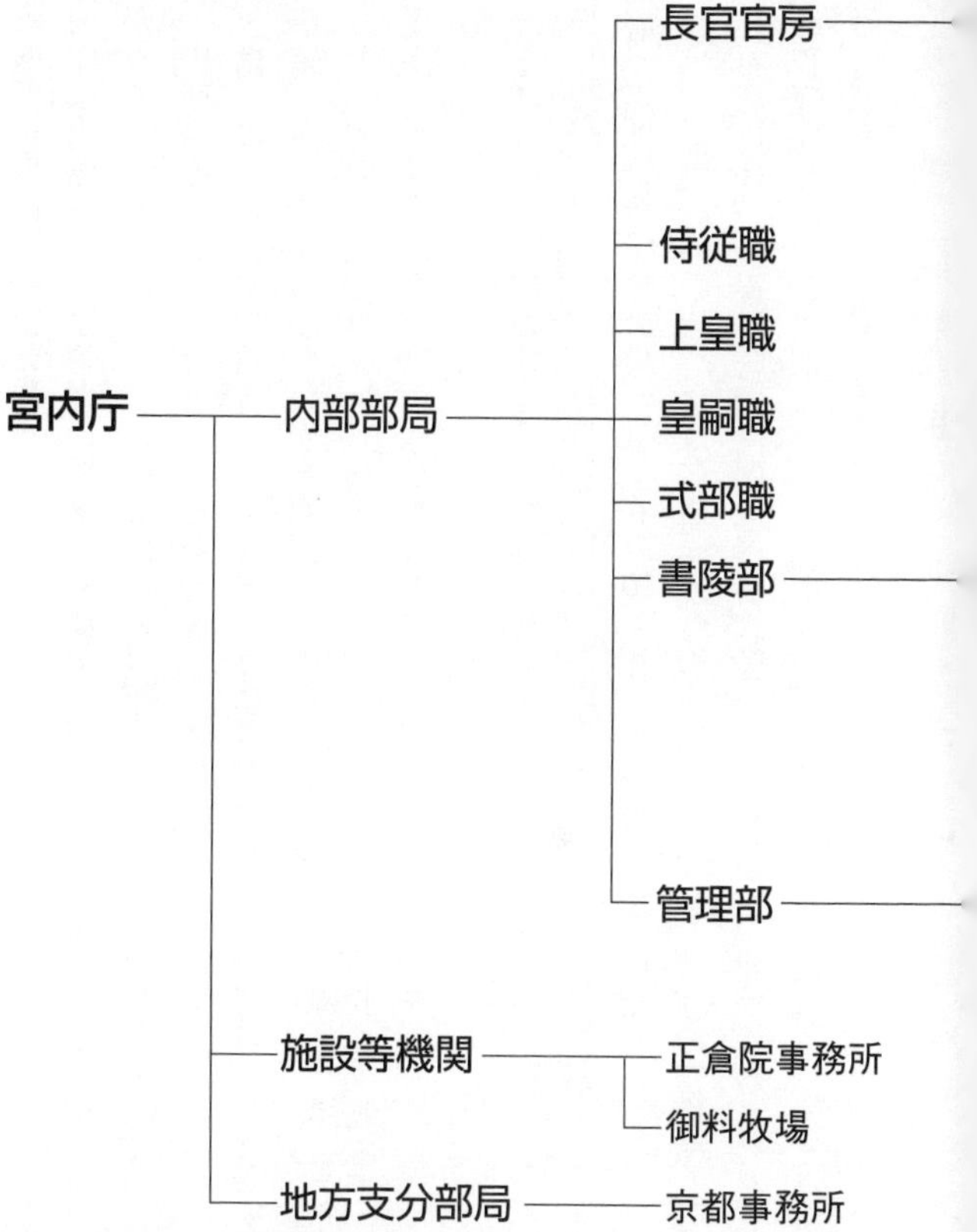

*令和元年5月1日現在。宮内庁ホームページより作成

●内閣府と宮内庁の役割分担は？

宮内庁は内閣総理大臣管理に属する機関で、内閣府の下にあるが外局《がいきょく》ではない。したがって、皇室と親しい宮内庁は政府とは協力関係にあるといえる。では、宮内庁は、内閣府や総理大臣とどんな活動を行なっているのだろうか。

まずは「皇室の行事の執行《しっこう》」で、式典ごとに委員会をつくって詳細《しょうさい》を決める。皇室の伝統と憲法に矛盾《むじゅん》がないかを判断し、進行内容や参列者及び、行なう儀式の内容をまとめるのだ。委員会は式典ごとに異なるが、内閣総理大臣、官房長官、内閣法制局長、内閣府次官、宮内庁長官などのメンバーで話し合いを行なうのが一般的である。

たとえば、天皇即位の礼は数々の儀式があるが、分担が細かく決められている。「即位礼正殿の儀」と「祝賀御列《おんれつ》の儀」、「内閣総理大臣夫妻主催晩餐会《ばんさんかい》」の事務は内閣府、「即位後朝見《ちょうけん》の儀」と「立皇嗣《りっこうし》の礼」の事務は宮内庁などだ。

じつは、宮内庁のトップには各省庁からの出向者が多い。現在の宮内庁長官である西村泰彦《にしむらやすひこ》氏は、警視総監や内閣危機管理監などを歴任した警察官僚だ。侍従長や儀式の管理をしている式部職には、内閣府で国賓《こくひん》の接遇《せつぐう》を中心に行なってきた外務省出身者を多く起用している。

このように、宮内庁と内閣府の役割分担にはあいまいな部分がある。互いに持ちつ持たれつの関係といえるのだが、大きな違いといえば、宮内庁には政治的な権限がないことだろう。そのぶん、日本でもっとも権威があるともいえる「皇室」を担う特別な機関だ。場合によっては、内閣の意向を覆《くつがえ》すことも可能かもしれない。上皇陛下の天皇退位にかんする「おことば」がよい例だ。

天皇の地位は「国民の総意に基づく象徴」。皇室を守る＝象徴制を維持することにつながるため、ほかの省庁と同じく、国民のための行政機関ととらえることもできる。しかし、そのベクトルは皇室のほうに向いているのはたしかだ。やはり、宮内庁は特別な組織といわざるをえない。

天皇家をサポートしてきた宮内庁の歴史

●8世紀初頭には存在した「宮内省」

伝説によれば、天皇家は約2600年前からつづくとされ、諸説あるものの、5世紀には「大王家」として成立していたと考えられている。そして、「天皇」という称号が使われるようになったのは、7世紀後半とする説が有力だ。

そんな歴史のある天皇家を支えているのだから、「宮内庁」という組織も、かなり古くからあると思っている人は多い。それは、正解であり、誤《あやま》りでもある。

宮内庁は、戦後の昭和24（1949）年に「宮内府」から改められたものだ。宮内府の「府」とは、日本の行政機関では「省」の上位にあり、総理大臣の管理下にある。現在の府は、総理府を統合した「内閣府」だけだ。

「庁」は府または省の外局などを指す。したがって、宮内庁の歴史は約70年と浅い。しかし、その前身については、1300年前までさかのぼることができる。

大宝《たいほう》元（701）年、第42代文武《もんむ》天皇が「大宝律令」を発布した。これは日本における初めての「律令」であり、このときから本格的な「律令制」がスタートする。ちなみに、「律」とは「刑法」のこと、「令」はその他の行政法や民法のことをいう。

律令制がはじまるとともに、国の政治機構も整えられ、祭祀《さいし》を所管《しょかん》とする「神祇《じんぎ》官《かん》」と政務を統括する「太政官《だいじょうかん》」が設けられる。太政官の下にはじっさいに行政を担う8つの省が設けられ、そのひとつが宮中の衣食住や財産の管理などを担当する「宮内省」であった。

宮内省のほかは、中務《なかつかさ》省、式部《しきぶ》省、治部《じぶ》省、民部《みんぶ》省、兵部《ひょうぶ》省、刑部《ぎょうぶ》省、大蔵《おおくら》省で、このうち名称で最後まで残されたのは大蔵省だが、平成13（2001）年に現在の財務省に改称された。

●軍部の台頭とともに大所帯に

飛鳥時代後期に確立された律令制は平安時代末期に有名無実化し、その機能も失われていく。やがて時代は武家政権へと移り、朝廷の機構はないに等しい状態となる。だが、江戸幕府を倒して王政復古を成し遂げた明治新政府は、新たな官制を構築。それが明治2（1869）年の太政官制《だじようかん》で、宮内省は太政官の下に置かれた6つのうちのひとつとなる。

その後、明治4（1871）年、明治8（1875）年と改編が行なわれ、明治18（1885）年には内閣制度が発足《ほっそく》。宮内省は総理大臣に制約されないよう内閣から独立した。

そして、明治22（1889）年に大日本帝国憲法と皇室典範《てんぱん》が制定されると、宮内省は皇室自立の原則にしたがって独立官庁となる。明治41（1908）年には皇室令による宮内省官制が施行され、宮内省は皇室一切の事務につき天皇を輔弼《ほひつ》する機関とされた。

時代が進み軍部が台頭すると、皇室の権威も強くなり、同時に宮内省も拡充《かくじゅう》されていく。終戦当時には、2職8寮2局の内局と多くの外局があり、地方機関として京都地方事務所が置かれていた。職員の数も6200名余りの大所帯であった。

戦後は「宮内府」となって職員数も1500名に縮小。そして総理府の外局として「宮内庁」となり、平成13（2001）年には中央省庁等改革の一環《いっかん》として内閣府設置法が施行され、宮内庁は「内閣府に置かれる機関」ということになる。これによって、通常の外局とは別格の機関となり、独立性が保《たも》たれることとなったのだ。

天皇制とともに、紆余曲折《うよきょくせつ》を経《へ》てきた宮内庁。日本の行政機関のなかで、特別な位置づけであることは間違いない。

宮内庁の職員はどんな仕事をしている？

●皇室の方のお世話から馬の調教まで

宮内庁の職員は、皇室にかかわるすべてを担っているといえる。その業務内容は行事の準備や実行だけではなく、皇族方のお世話から警備に至るまで多岐《たき》にわたる。ただ、秘書課や総務課のように業務がわかる職種もあるが、侍従職や上皇職は想像がつかない。ここでは、内部部局の業務内容をくわしく見ていこう。

職務は独立した4つの部署を除くと、大きく分けて「長官官房」「書陵部」「管理部」の3つに分かれている。

まず「長官官房」。秘書課、総務課、宮務課、主計課、用度《ようど》課からなり、公文書ほか文書の管理、皇室の財産管理や広報活動を行なっている。

宮務課は常陸宮《ひたちのみや》家、三笠宮《みかさのみや》家、高円宮《たかまどのみや》家にかんする事務を、用度課は備品、消耗品、器具の管理と検査のほか、東御所の博物館・三の丸尚蔵館《しょうぞうかん》の管理を担当している。ほかには宮内庁病院もあり、天皇ご一家と皇族方の病気治療、健康維持のための医療機関という位置づけで、宮内庁職員や皇宮警察職員とその家族も診《み》ている。

「書陵部」は、図書課、編修課、陵墓《りょうぼ》課があり、主に皇室の公文書、歴史的資料、陵墓などを管理。さらに陵墓監区事務所では、多摩、桃山など5つの陵墓監区事務所も設けられている。陵墓については、山形県から鹿児島県まで全国に分布しているため、宮内庁職員だけでは人員がとても足りず、非常勤の職員に委託《いたく》して業務にあたっているという。

「管理部」は管理課、工務課、庭園課、大膳《だいぜん》課、車馬課、宮殿管理官からなり、文字どおり、皇室財産や公用財産の管理全般を行なっている。「大膳課」は、いわゆる天皇の料理番だ。さらに那須、須崎《すざき》、葉山の御用邸管理事務所、皇居東御苑管理事務所もある。

変わり種としては「車馬課」だ。馬の世話はもちろんのこと、馬車を含めて皇族方が移動する自動車も管理している。特筆すべきは主馬《しゅめ》班の存在だ。パレードに登場する馬たちを飼育、調教し、さらには騎乗して自在に乗りこなしている馬のプロフェッショナルなのだ。

●「東宮職」に代わり、「皇嗣職」が新設された

つづいて、独立している4つの職についてだが、主には皇族方のお世話係になる。天皇、上皇、皇嗣《こうし》それぞれの職員数は宮内庁の管轄《かんかつ》で、令和元（2019）年の発表によれば、上皇60名、天皇70名強となっている。

筆頭は「侍従職」で、侍従、女官《じょかん》、侍医《じい》などが天皇陛下と皇后陛下、内親王の身のまわりのお世話を行なっている。同様に「上皇職」は上皇陛下と上皇后陛下、「皇嗣職」は皇位継承の第1位である皇嗣殿下と皇嗣妃殿下、内親王、親王のお世話をする職種だ。この皇嗣職は、令和元年に皇太子ではなく皇嗣が誕生したことにより

「東宮職《とうぐう》」に代わって新設された。

そして、日本の芸術や技を継承している「式部職」。こちらについては、次項でくわしく説明しよう。

この組織とは別に、天皇ご一家が個人的に雇用している職員もある。「内廷職員《ないてい》」と呼ばれており、「掌典《しょうてん》」「内掌典」「仕女《しじょ》」がいる。そして、天皇陛下が研究されている生物や蚕《かいこ》にかかわる研究員もいる。

掌典、内掌典とは、皇居内の宮中三殿の神々に仕《つか》える神職と巫女《みこ》のことであり、政教分離の原則から国がかかわることが難しく、公務員にはなれないので、天皇陛下が直接雇用している。給料は内廷費からである。仕女は掌典、内掌典をサポートする役割だ。内廷職員の数は約50名といわれており、内掌典は基本的に未婚女性で4年交代制、平安時代のおすべらかしのヘアスタイルで、厳しい規律を守り、祈りを捧《ささ》げているという。

以上、宮内庁職員の仕事を駆《か》け足で紹介したが、気になるのは給与であろう。職員は国家公務員なので、「一般職の職員の給与に関する法律」にもとづいて算出されている。したがって、大卒程度の一般職の初任給は、21万8640円程度だと思われる。採用については、人事院が行なう国家公務員採用試験に合格した者のみ、面接に進める。ちまたでよく噂になる「身辺調査」については、行なわれていないという。

「式部職」とは、どんな役職?

●世界最古のオーケストラ「式部職楽部」

式部職とは、宮中の祭典・礼式・交際・雅楽《ががく》などをつかさどる宮内庁の内部部局のひとつである。天皇陛下の即位の礼など、大きな儀式がつづいた令和元年は、まさに大忙しだったことだろう。

とくに行事の演奏を担当する式部職楽部《がくぶ》は世界的に有名で、1300年もの伝統を持つ〝世界最古のオーケストラ〟ともいわれている。

楽部が演奏する「雅楽」は国の重要無形文化財に指定され、楽部の首席楽長、楽長、楽長補、楽師は、重要無形文化財雅楽の技能保持者（総合認定）である。平成21（2009）年にはユネスコ無形文化遺産保護条約「人類の無形文化遺産の代表的な一覧表」にも記載がなされた。

5世紀ごろに即位したと考えられる允恭《いんぎょう》天皇崩御《ほうぎょ》にかんする『日本書紀』の記事に、朝鮮半島南東部にあった国「新羅《しらぎ》」が崩御を悼《いた》んで派遣した使者に楽人が含まれていたという記述がある。

さらには、持統《じとう》天皇元（687）年正月丙寅《ひのえとら》条に「楽官」と呼ばれる官司《かんし》が登場。そして大宝元（701）年に大宝律令が制定されてから、重要な公的儀式で日本固有の歌舞《かぶ》と大陸の国々から伝来した外来歌舞の演奏を担当する「雅楽寮」がつくられたとする。

これが明治41（1908）年、宮内省式部職楽部に改組《かいそ》され、現在の宮内庁にそのまま引き継がれているのだ。

斬新《ざんしん》な音楽を追求するのではなく、伝統を正しいかたちで保存するのが重要な任務となるため、楽部員は世襲制が原則だ。明治17（1884）年には、雅楽の知識と伝統を守るための「雅楽道保存賜金給与条例」も定められ、昭和40（1965）年まで雅楽を世襲してきた家柄（楽家）に定額が支給されていたという。

楽家は「安倍」「奥」「窪」「薗」「林」「東儀」「岡」などがあり、強制ではないが、これらの楽家に生まれた男性は、物心ついたころから自然とその道を「意識する」という。

本格的に楽部で学びはじめるのは中学生からだ。予科で週に一度、宮内庁内で師匠と1対1の稽古が行なわれる。楽譜はあるものの、じっさいは師匠からの口伝《くでん》を体に叩《たた》きこむという感じなのだとか。これが3年間つづき、高校生から本科で歌、管、舞の3科目を基本に、絃《げん》楽器、打楽器と複数の楽器を習得していくことになる。

また、式部職楽部は雅楽が中心ではあるものの、海外の賓客《ひんきゃく》をもてなす宮中晩餐会では洋楽演奏も担当するため、音楽理論とピアノのほか1種類の西洋楽器も必須で学ぶ必要がある。これらを経て卒業試験に合格し、やっと楽師になれるのだ。

国歌の『君が代』も、明治13（1880）年に宮内省雅樂課の奥好義《おくよしいさ》のつけた旋《せん》律《りつ》を、雅楽奏者の林廣守《はやしひろもり》が曲に起こしたものである。ちなみに、雅楽演奏家の東儀《とうぎ》秀樹《ひでき》氏は、楽師として10年間所属していたことで知られている。

●「鵜匠・鷹匠」も国家公務員

式部職は楽部だけではない。珍しいところでは「鵜匠《うしょう》」という役職もある。鵜匠とは、鳥の「鵜《う》」を使ってアユを獲《と》る、日本古来の漁業を行なう人たちだ。

皇室と鵜飼いの歴史も雅楽と同じく、さかのぼること1300年前、律令時代に鵜飼人が宮廷直属の官吏《かんり》として漁をしていた記録が残っている。

その後も各地で諸大名の保護のもとでつづけられてきたが、明治維新で日本にも西洋化の波が訪れ、その保護がなくなってしまった。そこで鵜飼いと皇室とのつながりを重んじた政府が、長良川《ながらがわ》（岐阜県岐阜市）に3か所の御料場《ごりょうば》を設置。「宮内庁職人」という扱いで鵜匠の保護を決定した。

現在、長良川の鵜匠たちは全部で9名。男性のみの世襲制だ。毎年5月中旬から10月中旬のあいだは「御料鵜飼」として皇居に献上するアユを獲る。れっきとした公務員ではあるが、鵜飼いの回数はこの期間のうちで8回と定められているので、国から出る月給は8000円ほど。その代わり、船頭代など必要なお金は岐阜市から出るし、仕事のない冬の時期は別の職に就《つ》くこともできる。

また、「鷹匠《たかじょう》」も式部職である。鷹匠とは放鷹術《ほうようじゅつ》の古技を会得《えとく》した特別な職業で、なんと日本において約1600年の伝統を持つという。現在では、宮内庁管轄の、千葉県と埼玉県の鴨場《かもば》の管理や鴨猟を行なっている。

しかし、なぜ鷹匠が鴨場の管理を行なうのだろうか。理由は簡単で、江戸時代までは鷹を放って鴨の捕獲を行なっていたからだ。明治時代になってから、鴨を傷つけない叉手網《さであみ》を使う鴨猟が考案された。おとりのアヒルを使い、元溜《もとだまり》という大きな池から細い水路に鴨をおびきよせ、傷つけずに網で捕獲するというものだ。

この鴨猟は、現在でも宮中行事のひとつとして内外の賓客に楽しまれており、行事当日は式部職の「式部官」が招待客の引率《いんそつ》を行なう。狩猟期間以外の夏のあいだは、鷹匠はおとりとなるアヒルの訓練などを行なっているという。

平成4（1992）年10月に当時の皇太子が極秘《ごくひ》で訪れ、皇太子妃となる小和田雅子さんにプロポーズされたのは千葉県市川市にある新浜《しんはま》鴨場。さまざまなメディアが当時この地を訪れて記事にしたが、その案内役として登場したのは「式部職企画専門官」という役職の職員であった。

式部職はこのように、歴史的に特殊な技術を受け継いできた人たちが担っている。意外と知られていない宮内庁職員なのである。

「オモテ」と「オク」の線引きはどこでされる?

●「オク」の職員は宮中の出入りが自由

「オモテ」と「オク」という言葉を聞いたことがあるだろうか。知っている、理解しているという方は、相当な皇室ツウということになる。

「オモテ」と「オク」とは職員を分ける、宮内庁独特の線引きだ。「オモテ」とは文字どおり、事務や広報などを担う秘書課、総務課などで、業務内容が表立って見える職員を指す。

「オク」は宮中で、直接、天皇ご一家のお世話をする侍従職の侍従、女官、侍医などをいう。とくに「オク」は天皇陛下のよきアドバイザーともいわれており、個人的な相談ごとにのることもあるようだ。

侍従は侍従長以下9名、女官は女官長の下に7名ほど配属されている。とくに女官長は側近中の側近とされ、身分は特別公務員。部下である女官を取りまとめ、女性皇族と生活をともにして公務にも同行する。

女官の下には4名の下級女官がおり、「女孺《にょじゅ》」と呼ばれている。女孺の主だった仕事は、寝室、部屋など宮中の掃除や灯《あか》りの点灯のほか、生活全般の雑事。そして女孺の下には5名の女性が控え、トイレや浴室などの清掃ほか、洗濯などを行なう。女性たちは、いずれも宮廷の礼儀作法をわきまえており、「内侍司《ないしのつかさ》」の所属となる。夜勤や宿泊もあるため、条件は独身であることだそうだ。

女孺のほかには、「尚侍《しょうじ》」「典侍《てんじ》」「掌侍《しょうじ》」など、役職のランクにより名称が分かれている。漢字ばかりで頭が痛くなりそうだが、大奥的な序列が厳しくあるのは間違いないだろう。

男性については宮中全体を管理して整備する「殿部《でんぶ》」が6名、下に補佐役の「仕人《つこうど》」、さらにはつねに天皇ご一家の身辺警護なども兼《か》ね、身近で世話をする「内舎人《うどねり》」が5名いる。天皇陛下の健康管理を行なう「侍医」は侍医長を含み4名ほどといわれ、24時間体制で見守り、国内外の公務に同行することも多いという。したがって「オク」職員は、厳しく規制されている「禁中（宮中の内部）」の出入りを許されている存在なのだ。

現在では不明だが、明治時代の勤務体系は午前8時から午後10時、午後10時から翌午前8時までの交代制で、前者は「お早番」、後者は「おゆるりさん」と総称されたそうだ。その語感からのイメージではあるが、宮中にはゆっくりとした優雅な時間が流れているのだろう。

このように、「オモテ」は業務内容が明確で、「オク」は謎に包まれている。ある意味「開かれた」とはいえ、まだまだ皇室にとってのトップシークレットは存在するのであろう。

では、「オモテ」と「オク」の、さらに大きな違いは何だろうか。そのひとつが職員採用の方法である。

●「オモテ」と「オク」の職員の採用基準は？

国家試験に合格し、面接で採用された職員は、「オモテ」の部署で働くことが多い。だが「オク」はそういうわけにはいかない。天皇ご一家のそばで宮中を出入りするのだから、それにふさわしい適性が求められる。そのため、血縁や婚姻《こんいん》など、つながりの深いものと判断した縁故《えんこ》採用が多いようだ。

現在、皇后陛下の女官長を務めるのは西宮幸子《にしみやさちこ》氏である。5年前に東宮《とうぐう》女官長に就き、ひきつづき業務を行なっている。

皇后陛下が皇太子妃であった時代、幸子氏が就任するまでの4年6か月ものあいだ、女官長が不在の時期があった。その原因として、皇太子妃と女官長の関係が良好ではなかったと報じたメディアもあった。

幸子氏を推薦したのは、外務省出身の東宮職で「東宮大夫」職にあった小町恭士《こまちきようじ》氏だといわれている。幸子氏の夫であった故西宮伸一《しんいち》氏も外交官であり、夫婦ともども旧知の仲であったことは想像にかたくない。つまり「オク」の採用には推薦が必要なのだ。

となると、「オモテ」と「オク」には隔《へだ》たりがあると思われるだろうが、一概にそうとはいえない面もある。

天皇陛下の健康管理でいえば、通常の生活を管理するのが「オク」の「侍医」であるが、総括責任者は「オモテ」で長官官房長の「医務主管」が務めている。この医務主管が、包括的な医療方針など重要な部分を担っているのだ。ちなみに、医務主管は東大医学部卒業者および東大教授が多いようだ。

このように、「オモテ」と「オク」が、タッグを組んで天皇ご一家の健《すこ》やかな生活を守っているのだ。

「開かれた皇室」は、どこまで実現している?

●いったい何が「開かれる」のか?

「開かれた皇室」という見出しをニュースや記事で見かけたことがあるだろう。では何が開かれるのかといえば、〝菊のカーテン〟と形容されることが多い。天皇家の紋章が菊の御紋《ごもん》であることから、一般国民と皇族方のあいだにある隔たりや壁を称しているのだ。

そんな〝菊のカーテン〟の基準はあるのだろうか。結論からいうと、基準は不透明だ。報道ひとつとっても、皇室系のニュースは基本的にマスコミや新聞の自主規制にもとづいて報じられていると思っていいだろう。

もちろん、スクープなどもってのほか。皇族の方々の情報は宮内庁の発表にもとづいて公開されているのだ。週刊誌などが同じタイミングでいっせいに皇室記事を掲載するのも、そのためだと思われる。

宮内庁のホームページの「皇室関連報道」の項には、つぎのような記載がある。

「最近の報道の中には、事実と異なる記事や誤《あやま》った事実を前提にして書かれた記事が多々見られます。このことにより、事実でないことが事実として受け止められ，広く社会一般に誤った認識が生ずることが懸念《けねん》されます。このため、あまりにも事実と異なる報道がなされたり、更《さら》にはその誤った報道を前提として議論が展開されているような場合には、必要に応じ宮内庁として、正確な事実関係を指摘することといたしました」

つまり、あまりに大きく違った報道には抗議を行なう、という意思表明であり、現在の誤った報道にかんする指摘が多く掲載されている。令和2（2020）年でいえば、天皇陛下にたいして総理や国務大臣が国政を報告する「内奏《ないそう》」における報道にたいするものだ。

る状態だ。

「内奏」は天皇陛下と報告する者のふたりきりで行なわれており、具体的な内容も室内の様子も明かされない。つまり、〝菊のカーテン〟がしっかりと閉じられてい

しかし、毎日新聞（令和元年5月16日朝刊）は、「関係者の話」として、「前の天皇陛下はいつも座ったままだったが、今の陛下は部屋のドアまで送って下さって大変恐縮した」と安倍晋三首相が話した、と報道した。

宮内庁は総理官邸に事実確認を行なったうえ、「総理発言に基づかない上皇陛下への非礼となる内容」として、宮内庁次長会で説明を行なっている。

ほかにも親王妃を「きさき」と呼称《こしょう》した週刊誌にたいし、「皇室では『ひ』と総称されており、后が『きさき』であって表記が違う」という発表を行なったり、「皇族を代弁するという、匿名《とくめい》知人のコメントはありえず、誤解が生じないように」との申し入れをしている。あまりに事実と乖離《かいり》している報道には、著者および出版社に通知を送ることもあるようだ。

●内廷費増額は「宮内庁のアンタッチャブル」

報道以外で〝菊のカーテン〟が閉じられているのは経済である。とくに「内廷費」

はアンタッチャブルな領域とされており、宮内庁は天皇家の家計を厳しく守っている。内廷費増額のカギを握るのは、自動スライドで10パーセントアップする「1割ルール」だ。

ルールを簡単におさらいすると、毎年の物価の上昇率や公務員の給与改善率にもとづいて、内廷費を増額していくシステムだ。このふたつを計算して、それまでの額の10パーセントを超えた場合に、定額である内廷費が改定できる。つまり、国会の審議を通さずに増額が可能となるわけだ。

内廷費には、天皇ご一家が雇い入れている職員の数の増減による経費は検討材料に含まれない。近年、経済が低迷しているので増額の見込みはなく、内廷費の金額は平成7（1995）年が2億9000万円で、翌年に3億2400万円に増額となり、2020年も同額で25年間変わっていない。

しかし、このルールは増額を目的としているので、景気が悪くなっても減額されることはない。コロナ禍のあとはどうなるのか、少し心配にはなる。

昭和から平成の半《なか》ばまでは、天皇家と政治のあいだで宮内庁が〝菊のカーテン〟の役割を果たしてきたといえる。しかし、現在は変化が起こっているようだ。宮内庁にはそもそも官僚を育てるしくみがなく、ほかの省庁から入ってくる人材が多いという。宮内庁が守り、大切にしてきたさまざまな知識や経験がしっかりと受け継がれているかどうかを不安視する声もある。

戦後、日本の体制は大きく変化を遂《と》げた。政教分離の原則から、政治は宗教を弾圧してはならないし、介入もできない。しかし、皇室は独立した存在にもかかわらず、行事を内閣とともに行なう。さらにいえば、条約を決めるのは国会だが、公布するのは天皇陛下であり、内閣総理大臣は国会で選ばれるが、任命するのは天皇陛下だ。そこには深くかかわりながらも、微妙な関係があるのだろう。

〝菊のカーテン〟とは、天皇家や皇族を守るためにある、秘密主義の表れなのかもしれない。

皇宮警察とは、どんな組織なのか？

●皇室関係の護衛と警備が任務

皇宮《こうぐう》警察とは、一般国民ではなく皇室関係者の身を守る警察機構のことだ。皇宮警察は東京都の警察本部である「警視庁」ではなく、国の行政機関である「警察庁」

の管轄《かんかつ》となる。

もちろん経費は宮内庁費ではなく、国家公安委員会を管轄する内閣府の負担だ。また、警察庁は各自治体の警察本部を管理・指導する立場にあるため、原則として犯人逮捕や暴動鎮圧《ちんあつ》といった実働を担う組織は存在しない。そんななかで、皇宮警察は実働任務を帯《お》びているため、例外的な部署だといえる。

皇宮警察は天皇をはじめとする皇族の護衛や、施設の警備を専門的に行なうのが任務で、皇宮護衛官と警察庁事務官および警察庁技官で構成されている。これらの職員を統括するのが「皇宮警察本部」であり、皇宮警察本部は「警察大学校」や「科学警察研究所」と同じく警察庁の付属機関である。

皇宮警察本部は明治19（1886）年、当時の宮内省に「皇宮警察署」として誕生。その後、昭和29（1954）年に制定された「新警察法」にともなって皇宮警察本部と改称された。

そんな皇宮警察は、本部の下に「護衛部」「警備部」「護衛署」「皇宮警察学校」、そして警務課や会計課などの部署が設けられている。護衛部は皇室関係者の身辺の安全確保を任務とし、皇居や御所にいるときはもちろん、外出されるときや各種式典へ出席されるさいも、いちばん身近にいて護衛を行なう。

警備部は皇居や御所、御用邸といった施設の警備が主な任務で、天皇誕生日や新年一般参賀、園遊会といった式典の警備に必要な企画の立案、装備機材の配備や開発、運用なども行なっている。

そして護衛署は、皇居宮殿および東御苑を担当区域とする「坂下《さかした》護衛署」、御所と宮中三殿の「吹上《ふきあげ》護衛所」、赤坂御用地及び常盤松《ときわまつ》御用邸を担当する「赤坂護衛署」、京都御所や桂《かつら》離宮、修学院《しゅうがくいん》離宮のほかに奈良県東大寺の正倉院《しょうそういん》も管轄する「京都護衛署」の4署がある。さらに、3か所の御用邸と御料牧場にも「皇宮護衛官派出所」が設けられている。

これらは都道府県警の本部と所轄《しょかつ》のような関係になっており、護衛官に採用されたとしても、勤務地は東京都内に限られてはいない。

皇宮警察の職員は警察官ではなく「皇宮護衛官」と呼ばれ、「皇宮護衛官採用試験」に合格する必要がある。その定員数は920名。階級は「巡査」から「警視監」までは一般の警察官と同じだが、各階名の頭に「皇宮」と付くのが特徴だ。正式な階級でない「巡査長」に相当する「巡査長皇宮巡査」もあるが、警視総監にあたるものはなく、皇宮警察本部長は皇宮警視監が就任する。

皇宮護衛官の制服、制帽、階級章、識別章《しきべつしょう》は警察官と同じだが、上着の両襟《りょうえり》の部分に「皇宮護衛官章」が付き、警笛を吊《つ》る「警笛吊り紐《ひも》」がえんじ色なのが異なる。また、特別な儀式などにおいては、金モール編《あ》みの肩章から吊るした儀礼服を着用することもある。

●身体能力と教養を必要とする側衛官

護衛官のなかでも、護衛部に所属して護衛の任務にあたるのが「側衛官《そくえいかん》」だ。いわば皇宮警察の「SP」であり、皇宮護衛官から選抜される。

皇族方のもっとも身近に接するため、側衛術と呼ばれる独自の逮捕術のほかに茶道や華道、和歌といった日本文化にまつわる教養も身に付けることが求められる。さらには、スキーや乗馬の技術も必要とされる。

この側衛官は、内廷皇族だけでなく宮家《みやけ》皇族の護衛にもあたる。また、警備部には機動隊にあたる「皇宮警察特別警備隊」という組織があり、銃器や防具も装備されていて、皇居などで行なわれる皇室行事のさいには、儀礼服を着用して警戒にあたる。さらに、警察で唯一《ゆいいつ》、消防活動も任務に加えられており、各護衛署には消防設備も整えられているのだ。

警務課や会計課などの警務部門は、勤務体制、採用、人事管理、予算、福利厚生などを担う事務部署だ。この警務課のなかには音楽隊が組織されており、通常任務の合間に練習を行なっている。園遊会をはじめとする皇室行事で演奏したり、全国警察音楽隊演奏会や皇居東御苑でのランチタイムコンサートで演奏したりするなど広報的な役割も担っている。

ちなみに、皇族以外の要人等の身辺を守ることを「警護」といい、上皇陛下や天皇陛下、皇族方の身辺を守ることを「警衛《けいえい》」という。警視庁では「警衛課」、大阪府警や京都府警などには「警備警衛課」という、皇室の警備を目的とした部署を設けている本部もある。しかし、移動時における沿線の安全確保や交通規制といった後方支援が任務となっていて、直接、身辺を警衛することはない。

宮内庁病院とは、どんな病院なのか?

●宮内庁が管理する国立病院

人間誰しも「つねに健康!」と、一度も体調を崩さずに一生を終える人は、そうそういないだろう。病は置かれた立場などまったく関係なくやってくる。皇族の方とて同じだ。そこで、専門の病院や「かかりつけ医」がいるのは周知《しゅうち》の事実である。

それが、皇族の方がご病気になられたというニュースや、出産されたというニュースなどでよく名前が登場する「宮内庁病院」。その名のとおり、宮内庁が管理する国立の総合病院だ。

場所は皇居の東端《とうたん》の大手門から入ったところにある。鉄筋コンクリート2階建てで、医師や看護師など職員の数は約50名、ベッド数は27床設けられている。

診察科目は内科、外科、産婦人科、眼科、耳鼻咽喉《じびいんこう》科、泌尿器《ひにょうき》科、歯科、放射線科の8科目。利用できるのは、皇族の方々や宮内庁職員・皇宮警察職員とその家族である。

「一般人も受診可能」というふれこみではあるが、あくまでも宮内庁職員や皇宮警察職員の紹介を受けた人のみだ。例外として、平成23（2011）年の東日本大震災のさいには、天皇・皇后両陛下の意向で宮内庁が被災者を受け入れた。

入り口は一般人用と皇族用に分かれており、2階には皇族の方が使用される「御料病室」が2部屋設けられている。廊下をはさみ、侍従や女官の控え室もあるということで、万全のフォロー環境が整っているといえよう。宮内庁も宮内庁病院について「民間の病院では動静が知れわたり、病気などの個人情報、知られたくない機密が漏《も》れてしまう」と、その重要性を説いている。

天皇陛下、皇嗣殿下、眞子《まこ》内親王、佳子《かこ》内親王、愛子《あいこ》内親王は、この宮内庁病院で生まれている。今上天皇の出産は緊張に次ぐ緊張で、上皇后陛下が予定日よりも早く陣痛を覚え、キャデラックで宮内庁病院に急いだというエピソードもある。

しかも、宮内庁病院は昭和39（1964）年に現在の建物が竣工《しゅんこう》されているが、それ以前は倉庫を改築したものを使用している状態で、今上天皇が生まれた昭和35（1960）年当時の建物は、かなり古く質素だったようだ。今上天皇は、それもみずからの「ルーツのひとつ」ととらえられており、大学の友人に「私は倉庫で生まれたんですよ」とジョーク交《ま》じりに自己紹介されたこともあるという。

さて、気になる医療費だが、皇族は健康保険に入っていないので、本来なら10割負担だが、過去に宮内庁次長であった羽毛田信吾《はけたしんご》氏が「宮内庁病院でお世話する場合にも宮廷費をあてており」と説明をしていたことからも、皇族は基本的に医療費がかかっていないことがうかがえる。

●大きな手術をするときは東大病院へ

では、体調が悪くなったら、かならず宮内庁病院を受診されるのかというと、そもそも内廷皇族には毎日、細かく健康をチェックする「侍医」が24時間付き添い、日日の拝診《はいしん》を行なっている。明治天皇のころから、皇族方の診察をする「侍医」がおり、天皇・皇后両陛下はこうした毎日の拝診に加え、年に一度、宮内庁病院で人間ドックにあたる定期検査を受けられているのである。

この侍医たちのトップに立ち、天皇ご一家の健康を管理する統括責任者が「医務主管」だ。出産や手術など、大きな医療行為が必要になった場合、どの病院でどんな治療を受けるかということを、陛下と医務主管と専門の御用掛《ごようがかり》（非常勤の国家公務員）の3者で決める。宮内庁病院が〝皇族御用達《ごようたし》〟であるのはたしかなのだが、皇族方の健康管理や検診を受け持ってはいるものの、手術件数は少ない。それゆえ、場合によっては「別の入院先」を視野に入れる必要もあるのだ。

皇族の方が宮内庁病院以外に入院する転機となったのは、平成9（1997）年に上皇后陛下が帯状疱疹《たいじょうほうしん》（ヘルペス）になられたこと。その理由は、当時の宮内庁病院にMRI（磁気共鳴断層撮影装置）が設置されておらず、精密検査ができなかったからである。

翌年には宮内庁病院もMRIを導入したが、そのリース料は年間1億円という高額なものであった。しかもMRIはそうひんぱんに使われる機器ではなく、受け入れ患者が制限されている宮内庁病院の性質上、稼働率がリース料にくらべてあまりに低い。そのため、会計検査院が問題にしたこともあった。

現在、大きな手術は東京大学医学部附属病院（東大病院）が中心となっている。これには、侍医も宮内庁病院の医師も明治時代から東大医学部出身者が多かったため、東大病院と連携が取りやすいというメリットがある。

くわえて平成13（２００１）年、東大病院に「特別室」ができたことも天皇ご一家がご利用になりやすい要素となった。ちなみに当時の特別室の料金は１日26万円である。

ただ、東大病院は医療費が必要となる。天皇陛下の場合は、「健康管理も仕事のひとつ」ととらえられているため宮廷費から出るが、宮家皇族の場合は健康保険なしの10割負担だ。

これまで天皇の医師として絶対条件であった「東大医学部出身」も、かなり自由になってきているという。平成24（２０１２）年に上皇陛下が受けられた冠動脈バイパス手術を担当したのは、順天堂大学の天野《あまの》篤《あつし》医学部教授。天野教授の出身は日本大学医学部だ。また、皇后陛下の主治医として有名な大野《おおの》裕《ゆたか》氏は、慶應義塾大学医学部出身である。

天皇ご一家や皇族方と親しい職員は誰？

●よき理解者となっている侍従と女官

天皇ご一家や皇族の方々の交友関係は気になるところだ。ふだんの生活がわからないだけに、私たちと同じような一面があることを知ると、より身近な存在に感じられるものだ。

天皇ご一家が親しくされていた宮内庁の職員といえば、元東宮女官の和辻雅子《わつじまさこ》氏だろう。昭和54（1979）年から59（1984）年まで東宮女官として、昭和60（1985）年からは宮内庁御用掛や侍従職御用掛となり、国内外の公務にも同行して、上皇后陛下から絶大なる信頼を得ていたようだ。御用掛とは、宮内庁から言いつかって用務をこなす職を意味しており、皇族方のご公務のサポートを全般的にこなしていたとみられる。

30年の長きにわたり天皇家に仕えた和辻氏は平成25（2013）年に心不全で亡くなったが、当時の天皇・皇后両陛下からは花と供物《くもつ》が、さらには皇太子ご夫妻、秋篠宮ご夫妻をはじめ、黒田慶樹さん・清子さんご夫妻からも花が手向《たむ》けられている。このことからも、和辻氏は天皇家と深いつながりを持っていたことがわかる。

そして現在、皇后陛下が心を許していらっしゃるのが、侍従職・女官長の西宮幸子氏だ。体調がすぐれない時期がつづいた皇后陛下だったが、いまではご公務に復帰され、精力的に活躍されている。その立役者が西宮氏だといわれているのだ。

また、天皇陛下に親しい存在として、侍従長の小田野展丈《おだのぶたけ》氏が挙がるだろう。宮内庁で儀式を担う式部官長を務めており、東宮職の長も歴任している。小田野氏は、皇太子時代の天皇陛下に仕えた実績が認められたかたちで、西宮氏とともに天皇即位によるスライド人事での昇格となっている。

このように、スケジュールが管理されており、自由な時間が少ない天皇ご一家にとって、女官や侍従などの職員がよき理解者であり、よき相談相手となっているのだろう。

●天皇陛下ご自身が情報発信する時代へ

皇太子時代の天皇陛下と一般のデンマーク人男性とのツーショット写真が公開されて話題になったことがある。平成29（2017）年6月のデンマーク訪問のさいに、散策《さんさく》中の皇太子に声をかけたデンマーク人男性がみずからの携帯電話で「自撮《じど》り」したものだ。ふたりは寄り添い、笑顔で写真に収まっている。

かつては、海外で皇太子と遭遇した日本人が記念写真をお願いしても、距離は1メートル以上空《あ》けて立つことを側近に指示され、撮影も側近が行なったというエピソードがある。海外での出来事とはいえ、一般人との記念撮影、しかも自撮りができるほどの至近距離で、というのは以前なら考えられなかったことだろう。

しかし海外の王室では、みずからフェイスブックやツイッターのアカウントを持ち、活動報告やコメントを発信している王族も多い。世界のセレブにとって、SNSはもはや当たり前の行為になっているのだ。

皇室は公務などにおいても積極的に告知を行なっているとはいえない。新聞やテレビ、宮内庁のホームページを通じて発信しているともいえるが、大きな効果が出ているとは言いがたい。

そんないま、まことしやかに囁《ささや》かれているのが、新しい試《こころ》みとして、天皇陛下によるウェブ発信の可能性だ。

まだ天皇に即位する前であるが、親しい友人に、皇室の新時代を見据《みす》えて「SNSの有効活用」について相談したというのである。有効活用については皇后陛下も真摯《しんし》に向き合っているとのことで、にわかに現実味を帯《お》びてくる。

天皇陛下は皇太子時代に「国民の中に入っていく皇室」と語られており、「具体的なイメージは」という記者の質問にたいし、つぎのように述べられている。
「国民とともに苦楽《くらく》をともにし、そして国民が皇室に対して何を望んでいるか、何をしてほしいかということを認識することであると思います。そのようなことを実現していくためにも、私としましても今後ともいろんな分野の方々とお会いし、いろいろな知識を吸収していこうと思いますし、また併《あわ》せてそういう機会を通じて、国民の声というものを聞いていきたいと思っております」（平成8〈1996〉年2月22日「皇太子殿下お誕生日に際し」記者会見、東宮御所）
天皇家が発信するという新時代、ＳＮＳによる「開かれた皇室」が実現するかもしれない。

宮内庁が管理する施設には、どんなものがある？

●御用邸などの管理も重要な業務のひとつ

宮内庁は国の役所であるし、皇居も東京にある。とはいえ、皇室に由来する施設は全国にあり、それらを管理するのも宮内庁の役目だ。

東京都にある宮内庁関連施設といえば、まずは皇居。昭和43（1968）年に完成した宮殿のほか、近々正式な天皇陛下の住居となる「吹上御所《ふきあげごしょ》」、昭和天皇と香《こう》淳《じゅん》皇后の住まいとして使われていた「吹上大宮御所」があり、旧江戸城天守跡には香淳皇后の還暦を記念して音楽堂「桃華楽堂《とうかがくどう》」が建てられている。また、「皇居東御苑」や皇室に代々受け継がれた絵画、書、工芸品などの美術品類が納められた「三の丸尚蔵館」は一般にも公開されている。

港区の赤坂御用地には、上皇陛下がお住まいになる仙洞《せんとう》御所となる「赤坂御所」のほか「秋篠宮邸」「三笠宮邸」「三笠宮東邸」「高円宮邸」といった宮家皇族のお住まいがあるが、「常陸宮邸」は渋谷区に位置し、港区高輪《たかなわ》にある上皇陛下の仮御所「高輪皇族邸」も宮内庁が管理している。

東京を離れると、天皇や皇族の別荘である「御用邸」がある。かつては10軒以上存在したが、現在は3軒。それが、栃木県の「那須御用邸」、神奈川県の「葉山御用邸」と静岡県下田市の「須崎御用邸」だ。

なお、宮内庁の定義では、一定数の面積を持つものを「離宮」とし、小規模のものを御用邸としている。

関東地方では、これらのほかにも「御料牧場」と「鴨場」を管理していて、栃木県高根沢《たかねざわ》町と芳賀《はが》町にまたがる御料《ごりよう》牧場は、皇室用乗用馬の生産や家畜の飼養《しよう》、牛乳・肉・卵の生産などのほかに、日本に駐在する大使・公使ら在日外交団の接遇の場としても使用される。

鴨場とは、野ガモなどの渡り鳥が越冬のため飛来する池のこと。埼玉県越谷《こしがや》市の「埼玉鴨場」と千葉県市川市の「新浜鴨場」の2か所があり、11月中旬から翌年2月中旬のカモの狩猟期間には、内外の賓客の接待の場として使用されている。

関東を離れると、やはり天皇家の故郷ともいえる京都と奈良に関連施設がある。「京都御所」は明治時代までの皇居であり、明治、大正、昭和の近代3天皇は、ここで即位式を行なった。京都に御所が置かれたのは794年、現在の場所に移されたのは1331年で、建物の多くは1855年に再建されたものである。

京都御苑のなかには、かつて上皇が住んだ「京都仙洞御所」と上皇の后《きさき》の御所である「京都大宮御所」が京都御所に隣接《りんせつ》。両方とも1854年の火災で焼失し、京都仙洞御所は再建されないままだが、京都大宮御所は昭和42（1967）年に整備され、現在でも天皇・皇后両陛下が京都を訪れたさいには宿泊所として用いられている。

そして、京都市内の南西部にあるのが江戸時代初期に建てられた「桂離宮」で、比叡山《ひえいざん》の麓《ふもと》に位置するのが「修学院離宮」だ。京都の施設はいずれも一般の参観が可能。京都御所と京都仙洞御所・大宮御所、修学院離宮は無料だが、桂離宮は参観料が必要だ。

奈良に移ると、東大寺の境内にあるのが「正倉院」だ。奈良時代の天皇、聖武《しょうむ》天皇ゆかりの宝物を納め、皇室関連のなかでも1260年の歴史を有する貴重な施設である。外構の見学は申し込み不要で無料。納められている宝物については、年に1回秋に奈良国立博物館で開かれる「正倉院展」で見ることができる。

●陵墓は全国に分布している

歴史の古さといえば、歴代天皇や皇族の陵墓《りょうぼ》だ。分布の広さと数の多さも群を抜いていて、宮内庁が管理する陵墓は近畿地方を中心に、北は山形県から南は鹿児島県まで御陵《ごりょう》188基、御墓《みはか》555基のほか、陵に準ずるものや陵墓参考地を含めると総計899基ある。

とくに令和元（2019）年7月にユネスコ世界遺産に登録された「百舌鳥《もず》・古市《ふるいち》古墳群」には天皇陵10基のほかにも皇室関連の陵墓が勢ぞろい。しかも、世界一の大きさを誇る「仁徳《にんとく》天皇陵古墳」やボリュームなら日本一の「応神《おうじん》天皇陵古墳」など、大きさランキング10位以内の半数を、この古墳群の陵墓および陵墓参考地が占めている。

ただ、宮内庁の管理する陵墓には、はたして実在の人物なのか、もしくは本当に天皇陵なのか不明な古墳もある。たとえば、鹿児島県にある「可愛山陵《えのみささぎ》」「高屋山《たかやのやまの》上陵《えのみささぎ》」「吾平山上陵《あいらのやまのうえのみささぎ》」は天皇や皇族ではなく神様。神武《じんむ》天皇陵は古墳でないとの説もあり、そもそも実在自体も怪しい。また、26代継体《けいたい》天皇の御陵を宮内庁は大阪府茨木《いばらき》市の「三嶋藍野陵《みしまのあいののみささぎ》」に治定しているが、じっさいは高槻《たかつき》市にある「今《いま》城塚《しろづか》古墳」というのが学界の定説であり、地元高槻市も「大王墓」としてアピールしている。

だが、宮内庁の管理だからこその利点もある。それは損壊を免《まぬか》れたことだ。百舌鳥古墳群のある堺市や、古市古墳群のある藤井寺市、羽曳野《はびきの》市は大阪市のベッドタウンでもある。そのため、1970年代ころから宅地開発が進み、壊されてしまったものも多い。

しかし、真偽《しんぎ》のほどはともかく、畏《おそ》れ多い陵墓であること、しかも管理者が国の機関となれば、開発業者も手が出せない。

宮内庁管理の古墳は内部調査が許可されず、築造年や被葬者《ひそうしゃ》を特定できないというもどかしさはある。半面、1500年前の人工建造物が残されているのは国の管理のおかげともいえ、その点は功罪相半ばするといえるのだ。

◉左記の文献等を参考にさせていただきました――

「皇室がわかる本」エソテリカ編集部編(学研パブリッシング)／「皇室　第85号　令和2年　冬号」(扶桑社)／「皇室事典　令和版」皇室事典編集委員会編著／「天皇と宮家」小田部雄次(以上、KADOKAWA)／「天皇の憂鬱」奥野修司／「天皇家の財布」森暢平(以上、新潮社)／「天皇陛下の全仕事」山本雅人(講談社)／「皇室入門」椎谷哲夫(幻冬舎)／「知っているようで知らない『日本の皇室』がわかる本」久能靖(三笠書房)／「天皇家の執事」渡邉允(文藝春秋)／「皇室とっておき」朝日新聞社(朝日新聞出版)／「女性自身　皇室SPECIAL　即位記念号」(光文社)／「天皇家のお茶の間」河原敏明(イースト・プレス)／「陛下、お味はいかがでしょう」工藤極(徳間書店)／「天皇家の経済学」吉田祐二(洋泉社)／「日本人として知っておきたい　天皇と日本の歴史」皇室の謎研究会編(彩図社)／「知られざる皇室」久能靖(河出書房新社)／宮内庁／内閣府／財務省／文化庁／皇宮警察本部／毎日新聞／朝日新聞／読売新聞／産経新聞／日本経済新聞／NHK／FNNプライムオンライン／新華網日本語版／現代ビジネス／時事ドットコム／NEWSポストセブン／女性自身／AERAdot.／ビジネスジャーナル／ベストカー／モーターファン

KAWADE
夢文庫

天皇家のふところ事情

二〇二〇年七月三〇日　初版発行

著　者……歴史の謎を探る会［編］
企画・編集……夢の設計社
東京都新宿区山吹町二六一〒162-0801
☎〇三―三二六七―七八五一（編集）
発行者……小野寺優
発行所……河出書房新社
東京都渋谷区千駄ヶ谷二―三二―二〒151-0051
☎〇三―三四〇四―一二〇一（営業）
http://www.kawade.co.jp/
装　幀……こやまたかこ
印刷・製本……中央精版印刷株式会社
DTP……株式会社翔美アート
Printed in Japan ISBN978-4-309-48545-4